Jornalismo Investigativo

Dados Internacionais de Catalogação na Publicação (CIP)
(Câmara Brasileira do Livro, SP, Brasil)

Sequeira, Cleofe Monteiro de
  Jornalismo investigativo: o fato por trás da notícia / Cleofe Monteiro de Sequeira. - São Paulo: Summus, 2005.

  Bibliografia.
  ISBN 978-85-323-0215-1

1. Reportagens investigativas 2. Repórteres e reportagens I. Título

05-3978   CDD-070.43

Índices para catálogo sistemático:
1. Jornalismo investigativo 070.43

Compre em lugar de fotocopiar.
Cada real que você dá por um livro recompensa seus autores
e os convida a produzir mais sobre o tema;
incentiva seus editores a encomendar, traduzir e publicar
outras obras sobre o assunto;
e paga aos livreiros por estocar e levar até você livros
para a sua informação e o seu entretenimento.
Cada real que você dá pela fotocópia não autorizada de um livro
financia o crime
e ajuda a matar a produção intelectual de seu país.

Jornalismo Investigativo
O fato por trás da notícia

Cleofe Monteiro de Sequeira

summus editorial

JORNALISMO INVESTIGATIVO
o fato por trás da notícia
Copyright © 2005 by Cleofe Monteiro de Sequeira
Direitos desta tradução adquiridos por Summus Editorial

Assistência editorial: **Soraia Bini Cury**
Assistência de produção: **Claudia Agnelli**
Capa: **Ana Lima**
Impressão: **Sumago Gráfica Editorial**

1ª reimpressão

Summus Editorial
Departamento editorial
Rua Itapicuru, 613 – 7º andar
05006-000 – São Paulo – SP
Fone: (11) 3872-3322
Fax: (11) 3872-7476
http://www.summus.com.br
e-mail: summus@summus.com.br

Atendimento ao consumidor
Summus Editorial
Fone: (11) 3865-9890

Vendas por atacado
Fone: (11) 3873-8638
Fax: (11) 3872-7476
e-mail: vendas@summus.com.br

Impresso no Brasil

Para meu marido, Carlos Antonio, e minhas filhas, Ana Paula e Ana Patricia.

Agradecimentos

Ao diretor de redação do jornal *Folha de S.Paulo*, Otavio Frias Filho, e aos repórteres investigativos Percival de Souza, Rubens Valente, Fernando Rodrigues, Frederico Vasconcelos e Antonio Carlos Fon, por cederem horas de seu tempo, às vezes em finais de semana, em depoimentos preciosos, sem os quais este trabalho não seria realizado.

Ao Banco de Dados da *Folha*, que, abrindo o arquivo da empresa, facilitou esta pesquisa de todas as maneiras possíveis.

SUMÁRIO

Introdução 9

CAPÍTULO 1
JORNALISMO INVESTIGATIVO: UMA CATEGORIA JORNALÍSTICA .. 15

CAPÍTULO 2
O JORNALISMO INVESTIGATIVO NO CONTEXTO ATUAL 33
  Livro-reportagem: uma saída profissional 52

CAPÍTULO 3
JORNALISMO INVESTIGATIVO: CONCEITUAÇÃO 61
  A verdade jornalística 70
  Estratégias, fontes e documentação 73
  As questões éticas 94
  Independência e conteúdo 98
  O papel social do jornalismo investigativo 109

CAPÍTULO 4
JORNALISMO INVESTIGATIVO: O MODELO BRASILEIRO 115
  Novas gerações 129
  Jornalismo investigativo: outros modelos 146

Capítulo 5
Os bastidores de uma reportagem investigativa 157
   O fim da linha dura 159
   Falência das instituições 166

Conclusão 183
Bibliografia 193

INTRODUÇÃO

Quando se elege uma categoria jornalística, no caso o jornalismo investigativo, como objeto de estudo, pode-se fazê-lo de duas formas diferentes: como problemática teórica, agregando conceitos a estudos já consolidados, ou com base na própria práxis profissional. Esta pesquisa, entretanto, vai adotar as duas linhas: a conceitual, que procura as origens, as raízes, os porquês da superfície estampada nas páginas dos jornais, e a pragmática, que se detém nas rotinas produtivas dos profissionais de imprensa, numa tentativa de analisar o que se fez em quarenta anos de jornalismo investigativo.

A escolha do tema nasceu, primeiro, da necessidade profissional, como professora de jornalismo, de entender o processo de criação e produção de uma reportagem investigativa – abrangendo desde a origem da pauta até a publicação da matéria nos veículos de comunicação. Em segundo lugar, da constatação da escassez bibliográfica sobre jornalismo investigativo existente no Brasil. Para iniciar a pesquisa, foi preciso, primeiramente, desenvolver a conceituação de jornalismo investigativo a partir de uma teoria geral sobre as rotinas produtivas dos jornalistas, para só então situar as tendências brasileiras e reconstruir, com base no exercício profissional, o processo produtivo das reportagens investigativas.

A teoria geral escolhida como ponto de partida para esta conceituação foi a Teoria do Newsmaking, uma das abordagens da Teoria da Comunicação – considerada, nesse caso, a fonte mais adequada para dar solidez ao conceito de jornalismo investigativo. Por meio dos estudos de Mauro Wolf sobre as rotinas produtivas do trabalho jornalístico, buscou-se a base teórica para fundamentar os limites técnicos da atividade jornalística, para só depois, numa interação obrigatória entre teoria e prática, partir-se para a análise do processo de trabalho dos investigadores jornalísticos brasileiros.

Com relação à metodologia empregada, este estudo desenvolveu-se em três momentos: no primeiro, reconstruiu-se, lançando mão do método histórico, as pesquisas sobre jornalismo, no que se refere à sua sistematização em categorias e gêneros; no segundo, fez-se um levantamento, utilizando a técnica da entrevista, sobre a prática do jornalismo investigativo no Brasil com repórteres investigativos que atuam na mídia impressa; no terceiro, analisou-se de forma abrangente duas reportagens investigativas, produzidas em épocas diferentes – tanto em relação ao contexto social, econômico e político do país como em relação ao contexto das redações onde as matérias foram produzidas. Nessas duas reportagens, enfocou-se principalmente o processo de trabalho dos profissionais, levando-se em conta que o objetivo principal da pesquisa era traçar um modelo de jornalismo investigativo brasileiro – ou seja, mostrar como age em campo o profissional investigativo brasileiro no tocante ao processo de apuração, aos métodos e técnicas de trabalho e às balizas éticas que o norteiam.

Logo de início, a pesquisa defrontou-se com um ponto conflitante entre profissionais e teóricos: a terminologia utilizada para definir esse tipo de reportagem. Embora o termo "jornalismo investigativo" seja amplamente usado e aceito entre profissionais norte-americanos, no Brasil ele ainda encontra resistência nas redações dos veículos de comunicação impressos. Para muitos profissionais, tanto das gerações mais velhas como das mais jovens, o termo é redundante, pois todo jornalismo pressupõe certa investigação, e a terminologia não passaria de uma forma pomposa para definir um trabalho de reportagem bem-feito, como todos deveriam ser.

É nesse viés que se encontra uma das hipóteses deste trabalho – exatamente mostrar que existe uma categoria jornalística específica, intitulada jornalismo investigativo, diferenciada das outras pelo processo de trabalho dos profissionais, obrigados a lançar mão de metodologias e estratégias nada ortodoxas, com as quais os jornalistas de atualidade nem sonham em trabalhar, para obter a reportagem. A outra hipótese é mostrar que, embora o jornalismo investigativo tenha se tornado conhecido da sociedade por meio de matérias que desvendaram meandros obscuros da corrupção nos setores público e privado – assuntos que têm a interface com atividades de fiscalização e auditoria privativas dos órgãos governamentais –, nem por isso cabe a essa categoria jornalística substituir instituições oficiais omissas.

Os trabalhos de jornalismo investigativo mais conhecidos situam-se no pós-Segunda Guerra Mundial, quase todos produzidos nos Estados Unidos, especialmente a partir de 1955. Entre 1964 e 1973, em conseqüência da participação dos Estados Unidos na Guerra do Vietnã, os jornalistas norte-americanos posicionados contra o governo começaram a analisar criticamente a atuação dos políticos, e muitos trabalhos chegaram ao público do mundo inteiro nas páginas de revistas como *Life* e *Look*. De maneira geral, contudo, o jornalismo investigativo recebe do público estadunidense pouca atenção.

Mas em 1972, uma data específica, 18 de junho, marcaria o jornalismo investigativo para sempre: a publicação, pelo diário *The Washington Post*, de uma reportagem política de autoria de dois jornalistas desconhecidos, Carl Bernstein e Bob Woodward, que daria origem, posteriormente, ao caso Watergate. O fato a investigar era aparentemente simples: cinco homens haviam sido presos na noite de 16 de junho de 1972 tentando instalar aparelhos eletrônicos de espionagem no comitê do Partido Democrata, no edifício

Watergate, em Washington. Ao investigar o caso, porém, os repórteres acabaram chegando à Casa Branca e ao coordenador de segurança do comitê para a reeleição do presidente Richard Nixon.

A insistente investigação dos jornalistas ganhou força e credibilidade, abalando a imagem de Nixon diante da opinião pública – de tal forma que, dois anos depois, em agosto de 1974, sob ameaça de acusação pública, o presidente renunciou ao cargo. As investigações de Woodward e Bernstein transformaram o jornalismo, redefinindo a imagem do ofício do repórter e o fazer jornalístico – não só nos Estados Unidos como também no Brasil.

Em 1972, quando estourou o caso Watergate nos Estados Unidos, o Brasil, comandado pelo general Emilio Garrastazu Médici, vivia em plena ditadura militar – e a imprensa sob censura prévia, instalada, em muitos casos, nas próprias redações. Só em 1974, quando o general Ernesto Geisel assume o poder, em substituição a Médici, tem início a abertura política no Brasil, que o então presidente definiu como lenta, gradual e segura – tão lenta que a suspensão à censura prévia ao jornal *O Estado de S. Paulo*, por exemplo, só vai acontecer em janeiro de 1975.

A partir daí, percebe-se maior ousadia da imprensa – tanto que, em 1976, o próprio *Estadão* publica uma série de três matérias intitulada "Assim vivem os nossos superfuncionários", que abala o país ao desnudar para a sociedade brasileira a boa vida de ministros e altos funcionários da corte instalada em Brasília e capitais federais.

Produzida pela equipe de reportagem do jornal, sob a coordenação do jornalista Ricardo Kotscho, a série dá nova dimensão ao jornalismo investigativo no Brasil, que se converte, como nos Estados Unidos, em representante dos interesses dos cidadãos – desvendando informações que grupos de poder tentam manter escondidas da sociedade e mostrando como funcionam os mecanismos burocráticos do sistema, num mundo cada vez mais complexo, no qual se torna virtualmente impossível ao cidadão comum saber como são produzidos os fatos que o afetam diretamente. Mas, é importante mencionar, sem com isso se converter em substituto das instituições públicas omissas.

Este trabalho divide-se em cinco partes, que representam os passos evolutivos utilizados para perseguir um modelo de jornalismo investigativo brasileiro. No primeiro capítulo, como ponto de partida, revisou-se a bibliografia existente sobre a delimitação do jornalismo em categorias e gêneros.

No segundo capítulo, inseriu-se o jornalismo investigativo dentro do contexto atual – tanto no âmbito das redações como no panorama social, político e econômico do país –, na busca de explicações para o reduzido número de reportagens investigativas publicadas nos dias de hoje nos veículos de comunicação impressos. Dentro dessa proposta, esta pesquisa foi primeiramente inserida no campo científico, via Teoria do Newsmaking, que analisa os processos produtivos na comunicação de massas.

No terceiro capítulo, delimitado o contexto em que se pratica a reportagem investigativa no Brasil e definida a teoria que irá balizar os estudos, conceitua-se o jornalismo investigativo quanto ao conteúdo, aos métodos, técnicas e estratégias de trabalho, às fontes de informação e suas relações com os repórteres e às relações destes com a empresa de comunicação. Por fim, foram revistas as questões éticas que demarcam o trabalho desses profissionais.

No quarto capítulo, levantou-se o modelo de jornalismo investigativo brasileiro, usando-se como referência as rotinas produtivas de repórteres investigativos vinculados às empresas de comunicação mais importantes do estado de São Paulo. Foram determinadas as fases mais importantes na construção de uma reportagem investigativa, assim como os pontos cruciais do processo, que tem início na construção de uma nova pauta e só finda com a publicação e repercussão da matéria.

O quinto capítulo foi reservado à análise de duas reportagens investigativas produzidas e publicadas em épocas e contextos sociais, políticos e econômicos diferentes – a primeira foi editada em 1979 e a segunda em 1999 –, com o intuito de mostrar as mudanças ocorridas no processo de trabalho dos repórteres investigativos e no jornalismo brasileiro, tanto com relação ao texto como com relação à rotina produtiva dos profissionais.

Na conclusão, após a análise das fases básicas da produção apuradas entre profissionais da área, ficam explícitas as diferenças existentes no processo de trabalho do repórter investigativo. São traçadas, ainda, as tendências para o jornalismo investigativo do século XXI, que é feito sob a égide das novas tecnologias, tendo-se como parâmetro as transformações ocorridas na área jornalística nos Estados Unidos, *alma mater* da reportagem investigativa tal como a conhecemos hoje.

JORNALISMO INVESTIGATIVO: UMA CATEGORIA JORNALÍSTICA

Não se pode iniciar o estudo do jornalismo investigativo – tradução de *investigative journalism*, termo usual entre os norte-americanos – sem que antes seja colocada uma questão sempre presente nas reflexões de teóricos e profissionais de mídia: se a investigação é inerente à atividade jornalística, o termo "jornalismo investigativo" não seria redundante?

Entre os que defendem essa linha de pensamento está o escritor e jornalista colombiano Gabriel García Márquez, que declarou em 7 de outubro de 1966, na 52ª Assembléia da Sociedade Interamericana de Imprensa, em Los Angeles, Califórnia, que "*la investigación no es una especialidad del oficio, sino que todo periodismo tiene que ser investigativo por definición...*"

O objetivo deste capítulo é exatamente mostrar que, embora qualquer prática jornalística pressuponha alguma investigação, há uma categoria que se diferencia das outras – pelo processo de trabalho do profissional e métodos de pesquisa e estratégias operacionais –, definida como jornalismo investigativo. É necessário esclarecer também que, embora todas as matérias veiculadas no jornalismo impresso sejam editadas como produtos de investigação do profissional que as assina ou da equipe de reportagem do veículo que as publica, isso nem sempre acontece, apesar de esse fato passar despercebido ao leitor comum.

A verdade é que muitos dos textos estampados nas primeiras páginas dos jornais chegam prontos às redações, no formato de *press-releases*, produzidos por assessorias de imprensa ou secretarias de comunicação social dos órgãos públicos e privados. Nesse caso, o jornalismo é "praticado" sem nenhuma investigação, pelo menos por parte da equipe de reportagem que os publicou. O jornalista Alberto Dines levou diversas vezes essa prática rotineira das redações (1986, p. 91) à discussão, afirmando que tal situação tem sua origem no autoritarismo pós-1964, que colocou nossa imprensa na era da nota oficial. Nela, o repórter recebia o texto pronto em vez de cavar suas próprias informações com as fontes, permitindo-se no máximo acrescentar uma cabeça ou *lead*.

A intenção, neste capítulo, não é rever as classificações do jornalismo em categorias e gêneros, feitas por teóricos da área, mas sim mostrar que o jornalismo investigativo tem sido praticamente ignorado nos principais estudos sobre a prática profissional. Dentre os autores consultados durante a revisão bibliográfica sobre o tema, apenas Alberto Dines e Nilson Lage enfocaram o jornalismo investigativo em suas análises.

Parte-se do pressuposto de que, embora a identificação das categorias e gêneros jornalísticos constitua tarefa de pesquisadores, a questão tem origem na própria práxis, pois desde o início das atividades jornalísticas são detectadas modalidades distintas de relato dos acontecimentos e estabelecidos padrões para identificar a natureza da prática profissional. Para se analisar, dentro da linha teórica adotada nesta pesquisa, o processo de construção das mensagens na reportagem investigativa, é preciso, primeiramente, enfocar a questão da classificação do trabalho jornalístico.

No Brasil, a obra de José Marques de Melo (1985, p. 38) é uma das mais importantes nessa discussão. O autor concebe o jornalismo como um processo social que se articula na relação (periódica/oportuna) entre organizações formais (editoras/emissoras) e colectividades (públicos receptores) por meio de canais de difusão (jornal/revista/rádio/televisão/cinema), que asseguram a transmissão de informações (atuais) em função de interesses e expectativas (universos culturais ou ideológicos). Melo propõe uma classificação que reafirma o paradigma anglo-saxônico, dividindo os textos jornalísticos nas categorias de Informação e Opinião. O autor justifica a utilização desse padrão pela evolução histórica do jornalismo, da qual resultou a necessidade sociopolítica de distinguir fatos (*news/stories*) das suas versões (*comments*), ou seja, "delimitar os textos que continham opiniões explícitas" (Melo, 1985, p. 38).

Na visão do teórico, a distinção entre *news* e *comments*, que se esboça no jornalismo britânico, "acabaria por se impor como uma bipolarização do espaço ocupado pela informação de atualidade nos veículos de difusão coletiva, mas é só no século XIX que o jornalismo informativo afigura-se como categoria hegemônica, quando a imprensa norte-americana acelera seu ritmo produtivo, assumindo feição industrial e convertendo a informação de atualidade em mercadoria".

Desde o início do jornalismo, foram constatadas diferentes modalidades de relato dos acontecimentos, a partir dos padrões estabelecidos pelos próprios profissionais para discernir a natureza de seu ofício. Esse tipo de discussão, de acordo com Melo, tem convergido para uma superposição entre categoria e gênero, já que, historicamente, a diferenciação entre as categorias de jornalismo informativo e opinativo surge da necessidade de separar os fatos das versões – informação de opinião. É possível que, "na gênese do jornalismo, essa confluência entre gênero e categoria pudesse ser admitida", pela natureza incipiente de uma atividade social que começava a se robustecer, mas ao mesmo tempo era compelida a se transformar. Na visão de Melo, contemporaneamente essa superposição não pode ser aceita.

Para definir o que é gênero jornalístico, o autor reporta-se à bibliografia existente, aceitando a definição de Juan Gargurevich

(1982, p. 11), para quem os gêneros jornalísticos são formas encontradas pelos profissionais para se expressar. Tendo as reflexões de Gargurevich como referência, Melo conclui que o gênero jornalístico pode ser definido pelo "estilo", pelo manejo da língua, pelas formas "jornalístico-literárias", que o profissional usa com o objetivo de "relatar a informação".

Melo enfoca, portanto, apenas o texto jornalístico, sem se ater às rotinas produtivas dos profissionais de imprensa. E adota dois critérios para a classificação dos gêneros peculiares ao jornalismo brasileiro. Primeiro, ele agrupa os gêneros em categorias que correspondem à intencionalidade determinante dos relatos, identificando duas vertentes: a reprodução do real e a leitura do real. Reproduzir o real significa para o autor descrevê-lo jornalisticamente a partir de dois parâmetros: o atual e o novo. No entanto, ler o real significa identificar o valor do atual e do novo na conjuntura que nutre e transforma os processos jornalísticos. Num caso, temos a observação da realidade e a descrição daquilo que é apreensível ao jornalismo; no outro, a análise da realidade e sua avaliação possível dentro dos padrões que dão fisionomia à instituição jornalística.

Melo articula seu raciocínio em função de dois núcleos de interesse: a informação (saber o que passa) e a opinião (saber o que se pensa sobre o que se passa). Daí o relato jornalístico assumir duas modalidades: a descrição dos fatos (jornalismo informativo) e a versão dos fatos (jornalismo opinativo). Essa categorização defendida pelo teórico exclui naturalmente a tendência classificada como jornalismo interpretativo, por não encontrar, segundo o autor, "ancoragem na práxis jornalística observada no país"; para ele, "a interpretação cumpre-se perfeitamente através do jornalismo informativo".

Pode-se levantar, então, a hipótese de que o mesmo, para Melo, se daria com o jornalismo investigativo: o autor não encontra, em sua observação empírica, subsídios que detectem a prática do jornalismo investigativo. É preciso, mais uma vez, reforçar que o teórico não se ateve, para construir sua categorização jornalística, ao processo de trabalho dos profissionais de imprensa, mas ao texto expresso nas páginas dos jornais. Para ele, os gêneros jornalísticos estruturam-se a partir de um referencial exterior à instituição jornalística, e esta estruturação depende da eclosão e evolução dos acontecimentos e da relação que os jornalistas estabelecem com suas fontes de informação.

A classificação de Melo (1985, pp. 63-6) define duas categorias jornalísticas: o jornalismo informativo (que agrega os seguintes gêneros: nota, notícia, reportagem e entrevista) e o jornalismo opinativo (editorial, comentário, artigo, resenha, coluna, crônica, caricatura e carta).

Refletindo-se sobre as colocações de José Marques de Melo, pode-se concluir que, embora suas análises tenham, segundo afirmação do próprio autor, como referência a práxis jornalística, o jornalismo investigativo não foi contemplado em sua classificação. Entretanto, é preciso registrar que sua obra data de 1985, mais de uma década após o início do caso Watergate, cuja série de matérias começou a ser publicada em 1972 e culminou com a renúncia do ex-presidente americano Richard Nixon, em 1974, sendo, até hoje, considerada um paradigma no jornalismo investigativo.

A classificação de Melo ignora ainda que, em meados dos anos 1970, quando a censura imposta pela ditadura militar já havia deixado as redações depois de uma longa e tenebrosa temporada de arbítrio, era possível encontrar nos jornais reportagens denunciando os atos do governo. Duas dessas, na época, deixaram bem claro que o jornalismo investigativo estava sendo praticado no Brasil: a primeira foi a série de reportagens publicada pelo jornal *O Estado de S. Paulo*, "Assim vivem os nossos superfuncionários". Vencedora do Prêmio Esso de 1976, denunciou a existência de mordomias – palavra que foi usada pela primeira vez com o sentido de "privilégios e regalias" na matéria e depois incorporada ao vocabulário pátrio nessa acepção. Uma equipe de repórteres comandada por Ricardo Kotscho levantou como viviam, como gastavam e o que pensavam esses funcionários, e mostrou ao Brasil a investigação em três reportagens, publicadas de 1º a 4 de agosto de 1976, segundo Olavo Luz (1980, p. 32).

Outra reportagem investigativa publicada na época, pela revista *Veja*, obteve repercussão nacional e deixou os brasileiros estarrecidos. De autoria do repórter Antonio Carlos Fon, a matéria, editada em fevereiro de 1979 e intitulada "Descendo aos porões", esmiúça um tema até então proibido no Brasil, a tortura, em pleno governo Geisel. No texto, são enfocados não apenas os métodos de tortura usados nas masmorras do governo, como também as bases filosóficas que levaram a ditadura militar, em nome da segurança nacional, a criar um aparato repressivo cujo poder corria paralelo ao do governo constituído (*Veja análise da reportagem no Capítulo 5*).

Uma década antes da publicação do já citado trabalho de José Marques de Melo, Cremilda Medina também fez uma análise da mensagem jornalística, tendo como objeto de estudo matérias publicadas em fevereiro de 1972 em jornais paulistas (*O Estado de S. Paulo, Jornal da Tarde* e *Folha de S.Paulo*) e cariocas (*Jornal do Brasil* e *O Globo*). Em seu estudo, publicado pela primeira vez em 1974, Medina (1978, pp. 51-72) recorre à evolução histórica do jornalismo impresso para classificar as tendências em que a informação se processa. Para ela, há uma mistura de informação, distração e opinião nas páginas dos jornais, o que torna difícil para o pesquisador montar um esquema de classificação em categorias e gêneros jornalísticos com relação às mensagens publicadas.

Medina conclui em sua pesquisa que é nessa fase que surge outra tendência no jornalismo brasileiro, a de mostrar, como já acontecia no jornalismo norte-americano, uma nova dimensão da notícia: seus antecedentes, suas significações indiretas e seu contexto. A essa transformação a teoria chama "ampliação" do jornalismo e detecta o surgimento de uma nova categoria, a interpretativa. É preciso reconhecer que Medina, no seu livro *Notícia, um produto à venda*, não se propõe a fazer um estudo classificatório das categorias e gêneros jornalísticos, nem enfocar as rotinas produtivas dos profissionais, mas sim analisar a mensagem jornalística.

De acordo com essa revisão bibliográfica, nessa época, apenas o jornalista Alberto Dines inclui a categoria jornalismo investigativo em suas reflexões sobre a práxis profissional, que são publicadas em 1986 no livro intitulado *O papel do jornal* (Summus, 1986), que ganha ao longo das décadas várias reedições. Não é intenção de Dines, também, elaborar um estudo sobre a classificação das categorias e gêneros brasileiros, mas analisar as transformações ocorridas no texto jornalístico entre os anos 1960 e 1970, tendo como objeto de pesquisa o *Jornal do Brasil*, veículo do qual era editor-chefe no período.

Nessas transformações, tendo como referência o exercício jornalístico de então e as reportagens insertas nas páginas do *Jornal do Brasil*, o autor distingue dois tipos novos de reportagens: as investigativas e as interpretativas. Dines conclui que os veículos de comunicação, diante da necessidade de ampliar a informação para o leitor-consumidor a cada dia mais exigente, são obrigados a abrir mais espaço para as reportagens investigativas e interpretativas, uma vez que a empresa jornalística assumiu características de indústria da informação.

É nesse ponto que as mensagens jornalísticas passam, então, a ser anguladas para atender a massa de leitores. Segundo o autor, o leitor não quer apenas saber o que acontece à sua volta, mas "assegurar-se de sua situação dentro dos acontecimentos", o que só vai acontecer com o que ele chama de "engrandecimento da informação a tal ponto que ela contenha os seguintes elementos: dimensão comparada, remissão ao passado, interligação com outros fatos, incorporação do fato a uma tendência e a sua projeção para o futuro". Só enriquecidos com essa nova angulação e essas intenções, chega-se, segundo Dines, mais perto do jornalismo interpretativo e do jornalismo investigativo (1986, pp. 60-91).

Nessa obra, o autor traça também um paralelo entre as reportagens interpretativas e as investigativas, deixando claro que elas se diferenciam pelo que chama de "motivação". Para ele, a "motivação" é a circunstância unificadora que irá reunir numa mesma intenção as partes comunicantes (jornal e leitor). Dines chega a relacionar os dois tipos de reportagem, ao afirmar que o jornalismo investigativo não é apenas jornalismo de sensações ou de escândalos, pois ambos – o interpretativo e o investigativo – têm a função de inquerir sobre as causas e origens dos fatos, buscando também a ligação entre elas, para oferecer a explicação de sua ocorrência.

Ao praticar o jornalismo investigativo, conclui Dines, o repórter não se obriga, necessariamente, a uma postura de denúncia. Ele pode comportar uma atitude grave, estudiosa e, sobretudo, responsável, desde que o jornalista adote o princípio filosófico de que qualquer questão oferece duas perspectivas – uma a favor e outra contra. Se o profissional entender que a boa reportagem é justamente aquela que consegue apresentá-las com eqüidistância, manterá a objetividade e o padrão ético.

Há três décadas, ao analisar o jornalismo investigativo, Dines já detectava, também, a dificuldade dos veículos de comunicação de inserir em suas páginas esse tipo de reportagem, denunciando resistências dentro do próprio jornal a essa prática. "Há sempre um grupo que prefere o conforto e segurança de um jornal poderoso e calado, às incertezas de um órgão que luta permanentemente para fazer valer a sua força." Essa resistência das próprias redações ao jornalismo investigativo será confirmada por Carlos Manuel Chaparro (1997, pp. 75-94) duas décadas depois, em suas pesquisas e estatísticas, ao concluir que o jornalismo investigativo tem ocorrência discreta dentro do jornalismo brasileiro.

Alberto Dines acredita que o abandono da reportagem investigativa dá-se aos poucos, a partir do momento em que os grandes jornais optaram pela linha empresarial, que consiste basicamente em informar sem se comprometer. Segundo o autor, o golpe fatal ao jornalismo investigativo foi desferido exatamente quando organismos passaram a organizar seus departamentos de informações para filtrar e divulgar, por meio de notas e *releases*, as informações de seu interesse, dentro da visão que lhes favorecia.

Dines afirma que o regime autoritário pós-1964 é culpado por trazer a imprensa nacional para a chamada era da rota oficial. De acordo com ele, "esta comunicação às avessas vai levar as fontes de informação a se fecharem, ao invés de se abrirem ao trabalho individual de cada repórter, deixando apenas um guichê por onde são liberadas as informações que lhes convêm. Com isso, o repórter acomoda-se, deixando de investigar, e o jornalismo brasileiro passa a viver de eventos e levantamentos".

O autor define também o papel do jornalismo investigativo na sociedade, quando, ao analisar o contexto social da época, afirma que só essa modalidade de jornalismo poderá tirar o jornalismo diário da posição quase secundária que começa a assumir ao se colocar no caudal da televisão ou como seu complemento – quando deveria acontecer exatamente o contrário. Na sua visão, é o repórter do jornal diário, pela desenvoltura de seu trabalho, que pode buscar o fato escondido e não acontecido e recolocar o jornal na crista do processo comunicativo. E, para que isso aconteça, é preciso vontade, disposição e, sobretudo, coragem de quebrar rotinas.

Embora Dines tenha detectado a existência e a importância do jornalismo investigativo, ao analisar as rotinas jornalísticas produtivas do *Jornal do Brasil* dos anos 1960, caberá a Nilson Lage (2001, pp. 138-40) definir o jornalismo investigativo e enfocar as fases da construção de uma reportagem investigativa, ainda que rapidamente – em apenas duas páginas de sua obra. O autor conclui, em suas reflexões, que, apesar de toda reportagem pressupor investigação e interpretação, a literatura teórica recente sobre jornalismo inclui duas categorias específicas, o jornalismo interpretativo e o jornalismo investigativo, que praticam realmente a investigação.

Lage explicita, também, em seu estudo, o grande diferencial entre o repórter de atualidade e o repórter investigativo. Conclui o autor que enquanto o primeiro é definido como um profissional dependente das fontes e sem acesso às "fontes das fontes", ou seja, aquele profissional sem acesso aos documentos primários dos quais se origina a notícia, o repórter investigativo caracteriza-se, primordialmente, por ser o profissional que busca os documentos originais.

O autor define o jornalismo investigativo como uma forma extremada de reportagem, em que o profissional dedica tempo e esforço no levantamento de um tema pelo qual se apaixona. Lage aproxima-se do pensamento dos teóricos norte-americanos, quando, ao tentar definir o jornalismo investigativo, caracteriza-o como o guardião da sociedade, aquele tipo de jornalismo que visa evidenciar as misérias presentes ou passadas de um corpo social, num esforço para contar os fatos como eles são, foram ou deveriam ter sido.

Em seu estudo, o teórico toca em outro problema crucial do jornalismo investigativo, já detectado por Dines: a falta de espaço nos veículos diários para esse tipo de jornalismo. O resultado de uma reportagem investigativa é a produção de textos extensos, que normalmente não cabem em veículos jornalísticos diários e costumam ser publicados em forma de livros ou documentários de vídeo. O fato de os veículos de comunicação não absorverem, hoje, reportagens extensas tem levado os repórteres investigativos nos Estados Unidos a buscar recursos econômicos em fundações e instituições universitárias para publicar suas histórias. Caminho, infelizmente, quase sempre difícil para o repórter investigativo brasileiro, já que há pouquíssimas instituições com essa finalidade no Brasil – e as que existem são dirigidas a pesquisas acadêmicas.

Lage define, ainda que rapidamente, as fases em que se processa uma reportagem investigativa, da concepção à publicação. A concepção, na sua visão, pode decorrer de várias experiências: pequenos fatos inexplicáveis ou curiosos, pistas dadas por informantes ou fontes regulares, leituras, notícias novas ou a observação direta da realidade. Como segundo passo, coloca o estudo de viabilidade: se existem documentos disponíveis ou fontes que possam ser acessadas, se há recursos e tempo e que resultados podem ter a investigação. O terceiro é familiarizar-se com o assunto, que envolve alguma pesquisa e consulta a fontes secundárias; o quarto, desenvolver um plano de ação, incluindo custos, métodos de arquivamento e cruzamento de informações; quinto, colocar em prática o plano idealizado, ouvindo fontes e consultando documentos. No sexto passo, ele propõe a reavaliação do material apurado, para que sejam preenchidos os vazios de informação. As etapas seguintes são a avaliação final, a redação e revisão, a publicação e o seguimento ou suíte da matéria.

Nessa revisão bibliográfica sobre jornalismo investigativo, é preciso enfocar também o estudo de Chaparro (1997, pp. 75-94), que se baseia na evolução dos gêneros jornalísticos como forma discursiva. Dentro dessa perspectiva, ele analisa os últimos cinqüenta anos da imprensa brasileira (1945-1994), enfocando o jornalismo diário praticado nos seguintes veículos brasileiros: *Jornal do Brasil* e *O Estado de S. Paulo*, por cinco décadas; *Última Hora* e *Diário Carioca*, de 1945 a 1954; *Correio da Manhã* e *Diário de São Paulo*, de 1955 a 1964; *O Globo* e *Jornal da Tarde*, de 1965 a 1974; e *Folha de S.Paulo* e *O Globo*, de 1975 a 1995. O autor conseguiu em sua análise detectar o que chama de 12 novas evidências no jornalismo brasileiro, das quais serão enfocadas, aqui, apenas aquelas que servirão de base para se conceituar a reportagem investigativa.

Para Chaparro, as reportagens constituem gêneros discursivos essenciais ao jornalismo brasileiro, e a participação delas no espaço total do jornal prova tal fato: de 1945 a 1954, a reportagem ocupava 78% do espaço dos jornais; de 1955-1964, 83%; de 1965-1974, 93,23%; de 1975-1984, 92,80%; e, de 1985-1994, 86,9%. Tendo como referência esses dados, o teórico conclui que a evolução do jornalismo nesse período tornou insuficientes as tipologias de reportagem classificadas no final dos anos 1980, por José Luiz Martinez Albertos (1974, pp. 313-23), que distingue cinco tipos de reportagens: a grande reportagem, conferências de imprensa, inquéritos, histórias de interesse humano e reportagens investigativas.

Chaparro parte da premissa de que a criação de subespécies nos gêneros do discurso dá-se exclusivamente no ambiente e na competência da práxis jornalística e não nos livros. Diferentemente de Albertos, identifica 15 subespécies de reportagens assemelhadas na forma narrativa, mas diferenciadas por características claramente identificáveis, determinadas pela intencionalidade criativa de jornalistas e fontes, tendo em vista o sucesso da ação jornalística. Entretanto, ele confirma em sua análise dos discursos jornalísticos que todas as espécies citadas por Albertos foram encontradas, apesar de uma delas – a reportagem investigativa – ter ocorrência discreta no jornalismo brasileiro.

No que se refere especificamente à reportagem investigativa, os índices encontrados por Chaparro são os seguintes: na amostra de 1995, a reportagem investigativa ocupava apenas 2,32% do espaço total da *Folha de S.Paulo* e 1,73% em *O Globo*; na amostra de 1945-1994, 0,20% no *Estado de S. Paulo*, e 0,50% no *Jornal do Brasil*.

Ao iniciar sua empreitada, o primeiro objetivo de Chaparro era desenvolver e consolidar uma proposta teórica para conceituação de gêneros jornalísticos, entendidos como formas discursivas pragmáticas – partindo do pressuposto de que o jornalismo, enquanto linguagem de relato e análise de atualidade, realiza-se por um conjunto de técnicas desenvolvidas na experiência do fazer. Entretanto, ele detecta formas relativamente restritas de se organizar e estruturar o texto jornalístico, acrescentando-se o que chama de filhotes estilísticos. Sua conclusão é de que são apenas quatro as formas básicas da expressão verbal no jornalismo impresso: reportagem, artigo, entrevista e notícia, já consolidadas no século passado. No caso específico do jornalismo brasileiro, mais duas espécies constituem marcas fortes de identidade: a crônica, por tradição própria, e a coluna, por influência do jornalismo americano.

O autor concluiu ainda que é o contexto social, político e histórico de determinadas épocas ou circunstâncias que vai determinar a predominância de cada uma dessas espécies básicas. Os profissionais sempre optam pela espécie que se revelar mais adequada ou eficaz para mediar ações, desvendamentos, saberes e falas de sujeitos, coletivos ou singulares, que agem na sociedade e sobre ela, pois há uma relação interativa de "eficácia" entre os discursos de núcleos e pólos organizados na sociedade e a mediação jornalística, que se manifesta por formas discursivas próprias.

Na sua visão, a eficácia aparece como variável importante na descrição da função do jornalismo. Chaparro acredita que esta "variável eficácia" determina a evolução das formas discursivas da mídia, ou seja, os profissionais do jornalismo lançam mão de novas formas discursivas quando sentem necessidade disso para desempenhar sua função com sucesso. Alega ainda que, considerando-se a complexidade do mundo contemporâneo e o número de sujeitos com os quais o texto jornalístico dialoga para dar conta de sua função de mediador, a classificação que divide o jornalismo em categorias e gêneros mostra insuficiências e inadequações para a tipificação das classes do texto do atual jornalismo brasileiro.

Chaparro defende que os critérios categorizadores dos gêneros jornalísticos em opinião e informação perderam a eficácia, pois o texto jornalístico consistente acolhe cada vez mais a elucidação opinativa, e o comentário da atualidade exige cada vez mais a sustentação de informações qualificadas. Além disso, a leitura sistemática de textos narrativos e argumentativos indica que o jornalismo não se define em opinião e informação; é preciso pensar a questão dos gêneros sob outras perspectivas. E, como a ação jornalística se manifesta por formas discursivas próprias, visando ao sucesso do discurso jornalístico para desvendar um fato social, a "eficácia" é uma variante importante para o sucesso da ação jornalística, levando, conseqüentemente, à busca de novas formas de discurso, de novos gêneros, que dêem conta do trabalho jornalístico na sociedade.

Essa revisão bibliográfica mostra que a preocupação dos teóricos brasileiros em conceituar e definir as características do jornalismo investigativo é recente, cabendo apenas a Dines e Lages fazê-lo. Entretanto, nos Estados Unidos, já em 1964, os administradores do Prêmio Pulitzer, sob os auspícios da Universidade de Columbia, consolidaram o jornalismo investigativo, praticado desde a segunda metade dos anos 1950, ao premiarem o *Philadephia Bulletin* por uma reportagem investigativa, denunciando a corrupção policial na cidade. Para os teóricos Bill Kovak e Tom Rosenstiel (2003, pp. 169-70), foi dessa forma que o *establishment* jornalístico norte-americano outorgou, pela primeira vez, o seu aval a um trabalho investigativo. Com esse episódio, o jornalismo estadunidense, especialmente o praticado em Washington, D.C., começou a mudar.

Outro fato importante para o desenvolvimento do jornalismo investigativo dos Estados Unidos, segundo esses autores, foi a forma como o jornal *The Washington Post*, no início da década de 1970, cobriu o caso Watergate. Uma das conseqüências imediatas para o jornalismo americano da cobertura em questão foi a reformulação da sucursal de Washington do jornal *The New York Times*, criando uma equipe de repórteres investigativos para fazer frente ao seu rival de Washington (2003, pp. 176-84).

À medida que a prática do jornalismo investigativo amadurecia nos Estados Unidos, foram sendo detectadas pelos pesquisadores diferentes formatos de reportagens investigativas. Kovak e Rosenstiel apontam três tipos distintos: original, interpretativa e reportagem sobre investigação. O primeiro envolve os próprios repórteres na descoberta e documentação de atividades até então desconhecidas do público. Esse é o tipo de reportagem que quase sempre acaba em investigações públicas oficiais sobre o tema denunciado. Nesses casos, segundo Kovak e Rosenstiel, os repórteres investigativos podem usar táticas similares ao trabalho policial, como sair em busca de informações, consultar documentos públicos, usar informantes e até, em circunstâncias especiais, fazer trabalho secreto ou realizar monitoração sub-reptícia de atividades.

No moderno jornalismo investigativo original, o poder da análise do computador quase sempre substitui a observação pessoal do repórter. Em 1989, por exemplo, o Prêmio Pulitzer foi dado ao *Atlanta Journal of Constitution*, por sua série de reportagens intitulada "*The color of money*", de Bill Dedman, que é exemplo desse formato com o auxílio do computador. A série denunciou a discriminação racial nas instituições de crédito em Atlanta e provocou reformas importantes na política de empréstimos de banco em todo o país. No Brasil, um exemplo desse tipo de reportagem é a série feita pelo repórter Fernando Rodrigues, da *Folha de S.Paulo*, publicada em 2002, que levantou os bens oficialmente declarados pelos políticos brasileiros, de acordo com suas declarações à Justiça Eleitoral ao concorrerem a um cargo público. A reportagem mostrou quais os dez políticos com maior patrimônio declarado, dando ao repórter os principais prêmios jornalísticos daquele ano: Esso, Líbero Badaró, Folha e Nuevo Periodismo.

A reportagem investigativa interpretativa requer, geralmente, as mesmas habilidades de iniciativa do jornalista, mas leva a interpretação a outro nível. A diferença fundamental entre as duas formas é que a reportagem investigativa original revela informação inédita. A reportagem investigativa interpretativa surge como resultado de cuidadosa reflexão e análise de uma idéia, bem como de uma busca obstinada dos fatos, para reunir informação num novo e mais completo contexto, fornecendo ao público um melhor entendimento do que acontece. Normalmente envolve assuntos mais complexos ou um conjunto de fatos, mais do que numa denúncia clássica. Revela uma nova forma de olhar um acontecimento, uma acusação, além de novas informações sobre o assunto.

Um exemplo hoje histórico desse conceito, segundo Bill Kovak e Tom Rosenstiel, foi a publicação, pelo *The New York Times*, dos chamados "*The Pentagon Papers*", em 1971, um estudo secreto do envolvimento americano na Guerra do Vietnã, escrito pelo próprio governo. No Brasil, um exemplo é a matéria de Antonio Carlos Fon, que tem como título "Seca – Os ventos contra o Nordeste", publicada em maio de 1994 pela revista *Superinteressante*, na qual o autor explica que as correntes de ar que cruzam o oceano Pacífico, aliadas à temperatura das águas no Atlântico Norte – influenciadas pelas geleiras do Pólo Norte –, determinam o ciclo das chuvas e secas no Nordeste brasileiro.

A reportagem sobre investigação empenha-se em acompanhar investigações: trata-se de um desdobramento recente do conceito que tem se tornado bastante comum nos Estados Unidos. De acordo com ele, a reportagem origina-se da descoberta do vazamento de informação de uma investigação oficial em andamento ou em processo de preparação por outras fontes, geralmente agências governamentais. Um exemplo desse tipo de reportagem, de acordo com os teóricos, foram aquelas sobre o escândalo sexual entre o ex-presidente Bill Clinton e a estagiária da Casa Branca Monica Lewinsky. O caso originou-se na inquirição feita pelo escritório do promotor independente Kenneth Starr, aumentada pela contra-informação vazada pela própria Casa Branca ou pelos advogados daqueles ameaçados de processo.

Finalizando este capítulo, pode-se concluir, de acordo com a revisão dos estudos sobre jornalismo investigativo no Brasil, que, embora essa categoria jornalística não tenha merecido ainda um estudo específico por parte dos teóricos, a reportagem investigativa pode ser encontrada nas páginas dos veículos diários brasileiros desde meados dos anos 1970, quando, ainda durante a ditadura militar, findou a censura prévia aos jornais. Ignorar a ocorrência de reportagens investigativas, desde essa época, é negar o pressuposto de que é a práxis que serve de base para a classificação do jornalismo.

CAPÍTULO 2

O JORNALISMO INVESTIGATIVO
NO CONTEXTO ATUAL

O objetivo deste capítulo é mostrar em que contexto é hoje praticado o jornalismo investigativo e o porquê de essa categoria jornalística ter ocorrência discreta no total das publicações brasileiras, como mostra a pesquisa realizada por Carlos Manuel Chaparro (1997, pp. 75-94), num estudo que abrange cinqüenta anos de jornalismo brasileiro. Dentro dessa proposta, primeiramente, é preciso inserir este trabalho no campo científico, e a Teoria do Newsmaking, uma das abordagens da Teoria da Comunicação, que estuda as rotinas produtivas dos profissionais de jornalismo, foi considerada a mais adequada.

O autor escolhido é Mauro Wolf (1995, pp. 159-223), que define, em seus estudos, o âmbito e a problemática de que se ocupa a abordagem do *newsmaking*, analisando as rotinas produtivas dos veículos de comunicação, a imagem do mundo que os noticiários fornecem e a associação dessas imagens às exigências cotidianas da produção de notícias nos canais de comunicação de massa.

Para Wolf, no processo de elaboração de informações de massa, tem-se, de um lado, a cultura profissional (práticas já consolidadas pelos jornalistas) e, do outro, as restrições ligadas à organização do trabalho sobre as quais se criam convenções profissionais, que determinam a definição de notícia e legitimam a marcha produtiva – desde a utilização das fontes até a seleção e edição dos acontecimentos. O primeiro passo, nesse processo, é estabelecer um conjunto de critérios de relevância que definam o grau de noticiabilidade de uma informação, que poderá ser transformada em notícia.

A ligação entre as características da organização do trabalho nos órgãos de comunicação de massa e os elementos da cultura profissional é absolutamente estreita e vinculativa, determinando, precisamente, o conjunto de traços distintos que os acontecimentos devem possuir – ou apresentar aos olhos dos jornalistas – para poder ser transformados em notícias. Tudo que não corresponde a esses requisitos é excluído, por não ser adequado às rotinas produtivas e aos cânones da cultura profissional, e não fará parte dos conhecimentos do mundo adquiridos pelo público por meio das comunicações de massa.

Wolf conclui que o fator noticiabilidade está estreitamente relacionado com os processos de rotinização das práticas produtivas. Portanto, em sua visão, só é transformado em notícia um fato que, depois de tornado pertinente pela cultura profissional dos jornalistas, é susceptível de ser trabalhado pelo órgão informativo sem demasiadas alterações no ciclo produtivo normal. A exceção se dá nos casos de acontecimentos excepcionais, quando o órgão de informação tem a flexibilidade necessária para adaptar os seus procedimentos à contingência da situação.

O autor afirma, ainda, que a noticiabilidade de um fato é, em geral, avaliada quanto ao grau de integração que ele apresenta em relação ao curso normal e rotineiro das fases de produção. A definição e a escolha daquilo que é noticiável são sempre orientadas pragmaticamente, isto é, em primeiro lugar, para a factibilidade do produto informativo a realizar em tempo e com recursos limitados. Essa factibilidade contribui para descontextualizar ou para remover um acontecimento do contexto em que se verificou, para poder contextualizá-lo dentro das dimensões do noticiário. Essas características da produção da informação permitem efetuar, cotidianamente, a cobertura informativa, mas dificultam o aprofundamento e a compreensão de muitos aspectos significativos dos fatos apresentados como notícia. A noticiabilidade, portanto, constitui um elemento da distorção involuntária contida na cobertura informativa dos meios de comunicação de massa.

Wolf define a noticiabilidade como o conjunto de elementos que serão selecionados para se transformar em notícias e por meio dos quais o órgão informativo controla e gera a quantia e o tipo de acontecimentos. Conclui o teórico que os valores-notícias são um componente da noticiabilidade. Segundo Wolf, os valores-notícias constituem a resposta à seguinte pergunta: quais os acontecimentos considerados suficientemente interessantes, significativos e relevantes para ser transformados em notícias?

Segundo os estudos de Wolf, os critérios de relevância funcionam conjuntamente em pacotes na seleção dos acontecimentos que serão convertidos em notícia: "São as diferentes relações e combinações que se estabelecem entre diferentes valores/notícia que recomendam a seleção de um fato". Chama a atenção, ainda, para um segundo aspecto: os valores-notícias são critérios de relevância espalhados ao longo de todo o processo de produção, isto é, não estão presentes apenas na seleção das notícias, participam também nas operações posteriores, embora com um relevo diferente.

Os valores-notícias são utilizados de duas maneiras: primeiro, como critérios de seleção dos elementos dignos de ser incluídos no produto final, desde o material disponível até a redação; segundo, funcionam como linhas-guia para a apresentação do material, sugerindo o que deve ser realçado, o que deve ser omitido, o que deve ser priorizado na preparação das notícias a apresentar ao público. Os valores-notícias são, portanto, regras práticas que abrangem um *corpus* de conhecimentos profissionais que, implícita e, muitas vezes, explicitamente, explicam e guiam os procedimentos operativos redacionais.

A escassez de tempo acentua a importância dos valores-notícias, podendo ser considerada, hoje, o elemento fundamental das rotinas produtivas, que se encontram, assim, profundamente enraizadas em todo o processo informativo. Esse, por sua vez, se compõe basicamente de três fases: a recolha, a seleção e a apresentação do material. Cada uma delas dá lugar a rotinas articuladas e a processos de trabalho específicos.

Os estudos de *newsmaking* salientam, segundo Wolf, que uma das causas da fragmentação na informação de massa passada aos leitores reside nos procedimentos rotineiros de captação dos materiais que serão transformados em notícias. Na maioria das vezes, a apuração se dá entre as fontes estáveis, como agências de notícias ou assessorias de comunicação, tratando-se, então, de material produzido em outro local, que a redação se limita a receber e a reestruturar, em conformidade com os valores-notícias relativos ao produto, ao formato e ao meio de comunicação. Os canais de recolha do material estão já profundamente estruturados em função de avaliações da noticiabilidade e, no seu funcionamento, acabam por realçar e reforçar os critérios de relevância – ou seja, se estabelece uma ação em círculo. As fontes estáveis constroem suas "notícias" nos formatos usados pelos veículos de informação, que, por sua vez, editam esse material como se tivesse sido produzido pela equipe de repórteres do veículo, visando agilizar o fluxo do fazer jornalístico.

O teórico detectou ainda, em seus estudos, que a integração de procedimentos de recolha e de valores-notícias vai se refletir também na interdependência existente entre as fases de recolha e de estruturação do material. Os dois processos funcionam em cadeia, pois é "aproveitado" principalmente o material informativo que possa ser facilmente inserido nos procedimentos produtivos normais da redação. O exemplo mais freqüente disso é o aproveitamento de *releases* ou material vindo de agências noticiosas nacionais e internacionais, aos quais são feitas modificações superficiais, estilísticas ou acompanhadas de algum suporte visual. Dessa forma, a estruturação da peça e o tamanho da notícia já vêm predeterminados na fase da recolha e o jornalista limita-se a uma função de ajustamento marginal.

Enfim, complementa Wolf, a fase de recolha dos materiais noticiáveis é influenciada pela necessidade de manter um fluxo constante e seguro de notícias, de modo a conseguir sempre executar o produto exigido. Isso leva, naturalmente, a que se privilegiem os canais de recolha e as fontes que melhor satisfazem a essa exigência: as fontes institucionais e as agências noticiosas. Essa forma de organizar a fase da recolha do material está intrinsecamente ligada à necessidade de rotinizar o trabalho, o que provoca uma limitação substancial e uma redução dos possíveis canais de recolha, isto é, de fontes de informação.

A triagem e a organização do material – segunda fase – constituem o processo de conversão dos acontecimentos observados em notícias. Na realidade, o afluxo do material que será selecionado está ligado à primeira fase, quando se dá prioridade às informações que chegam às redações dentro dos critérios de noticiabilidade prédeterminados – ou seja, dá-se preferência ao material que se ajuste às necessidades de organizar racionalmente o trabalho.

Enfim, é necessário ver a seleção como um processo complexo, que se desenrola ao longo de todo o ciclo de trabalho, realizado em instâncias diferentes – desde as fontes até o simples redator – e com motivações que não são todas imediatamente imputáveis à necessidade direta de escolher as notícias a transmitir. Na seleção das notícias, segundo o autor, são levados em conta três recursos escassos nas redações: o pessoal, o formato e o tempo de produção.

A terceira fase do processo, a edição, segundo Wolf, não pode ser explicitada nas notícias, pois se o fosse destruiria a convicção que o público tem de que a "pretensão do órgão de informação não é criar as notícias, mas apenas relatá-las". Segundo o teórico, se todas as fases anteriores funcionam no sentido de descontextualizar os fatos do quadro social, histórico, econômico, político e cultural em que acontecem e em que são interpretáveis (isto é, no sentido de curvar os acontecimentos às exigências organizacionais do trabalho informativo), nessa última fase produtiva, executa-se uma operação inversa: recontextualizam-se esses fatos, mas num quadro diferente, dentro do formato do noticiário.

A fragmentação dos conteúdos e da imagem da realidade social situa-se exatamente entre esses dois movimentos: por um lado, a extração dos acontecimentos do seu contexto; por outro, a reinserção dos acontecimentos noticiáveis no contexto constituído pela confecção, pelo formato do produto informativo (1995, pp. 159-223).

Tendo-se como referência as análises de Wolf sobre os processos produtivos na comunicação de massa, pode-se concluir que as reportagens investigativas estão na contramão do fluxo da informação, quer pela apuração entre as fontes utilizadas (já que nessa categoria as fontes estáveis são descartadas), quer pelo tempo de que o repórter necessita para concluir seu trabalho (que não se enquadra nos processos de fechamento diário dos jornais), quer pelo tamanho das reportagens investigativas, geralmente extensas, pois necessitam, também, de espaço para a publicação de documentos, provas e declarações, que dão credibilidade às denúncias.

Portanto, o processo de construção da notícia detectado por Wolf – que se inicia nos canais de recolha do material, os quais enviam *releases*, em formato jornalístico, para ser facilmente inseridos nos procedimentos das redações, aos quais às vezes basta modificar o *lead* para ser publicados – não coadunam com o jornalismo investigativo, decretando, assim, a extinção dessa categoria nos veículos de mídia impressos.

Trazendo estas reflexões para o jornalismo brasileiro, pode-se lançar mão das pesquisas de Ciro Marcondes Filho (2000, pp. 29-32) a fim de detectar as causas das transformações ocorridas nas redações nacionais. De acordo com o autor, as modificações nos processos produtivos de comunicação de massa começam nos anos 1970, primeiramente com o aparecimento e crescimento das assessorias de comunicação privadas e públicas, e atingem seu ponto alto nos anos 1980, com a chegada da era tecnológica à comunicação, que revoluciona os processos produtivos, principalmente a fase da edição.

As primeiras mudanças, "com conseqüências dramáticas para o jornalismo", ocorrem pouco antes da informatização das redações, quando as empresas jornalísticas passam a utilizar-se de "estratégias de comunicação e persuasão" nos noticiários informativos, aceitando a mediação das assessorias de imprensa no fazer jornalístico. Esse fato gera, como bem diz Marcondes Filho, "uma inflação" de comunicados e materiais de imprensa fornecidos aos jornais por agentes empresariais e públicos (assessorias de imprensa), que se misturam e se confundem com a informação jornalística, produzida pela equipe de reportagem de cada veículo. Ao leitor desatento passa despercebido o fato de assessorias de imprensa, tanto de organismos privados como públicos, desenvolverem estratégias de comunicação e persuasão para "vender" suas "notícias" aos editores dos jornais, que as publicam em nome do interesse público. Esse é o primeiro passo, já na década de 1970, que leva à acomodação das equipes de reportagem.

O segundo passo vem, no final dos anos 1980, com a introdução das novas tecnologias adaptadas à indústria da comunicação, que imprimem o que o autor chama de "um novo ritmo e uma nova lógica" às redações, com conseqüências drásticas às "relações de trabalho" e ao "perfil" dos novos profissionais de imprensa, além de trazerem modificações sensíveis ao texto jornalístico.

Após mais de três décadas do início das transformações, pode-se constatar uma mudança radical, segundo o autor, na área jornalística, pois hoje existe "um outro mundo que mal deixa entrever os sinais do que se convencionou chamar no passado de jornalismo".

Tais reflexões de Marcondes Filho coincidem com as palavras do premiado repórter investigativo Percival de Souza, de 62 anos de idade e 36 de profissão, detentor de quatro prêmios Esso de jornalismo e autor de 14 livros-reportagem, entre eles *O crime da rua Cuba* (1989), *Eu, cabo Anselmo* (1999), *Autópsia do medo* (2000) e *Narcoditadura* (2002), todos, com exceção do último, originários de reportagens investigativas.

Em depoimento datado de julho de 2003, Percival conta que tem vivenciado as modificações por que passou o jornalismo – tanto na estrutura das redações como nas relações profissionais – em seu dia-a-dia de trabalho. A solidão, queixa-se, é hoje a maior companheira do repórter investigativo. Obrigado a ficar semanas e às vezes meses longe da família e dos amigos, procurando fontes, apurando informações, cruzando e checando dados com novas fontes, às vezes, em outras cidades, estados ou até mesmo outros países, ele não se sente bem recebido ao voltar à redação. "Nas redações, não temos com quem discutir uma pauta, comentar uma matéria. As relações, hoje, são totalmente impessoais." Não escondendo as mágoas, conta que as pessoas não se cumprimentam, não trocam sequer um bom-dia. "Como compartilhar com esses colegas uma matéria perigosa? Dividir preocupações? Comentar uma pauta? Estou na profissão há quase quarenta anos e o que vejo, hoje, é uma redação dividida em departamentos, onde o editor-chefe e o chefe de reportagem, jornalistas como você, ficam em um aquário, separados da patuléia, numa redoma, sem a menor proximidade com as equipes de reportagem e redatores. Ao entrar na redação, sinto-me um ET."

Na visão de Marcondes Filho, as novas tecnologias têm agido nas mídias eletrônicas, principalmente na televisão, fazendo que a parte visual interfira drasticamente no conteúdo da informação, privilegiando certas linguagens em detrimento de outras. A qualidade da imagem, segundo o autor, impõe-se como modelo estético. O fascínio da imagem é definido como critério principal e passa a ditar a hierarquia da comunicação: "Primeiro, uma cena tecnicamente perfeita; depois um texto, uma narrativa, uma notícia", no caso do jornalismo televisivo. Em conseqüência disso, na edição da notícia, busca-se "uma melhor montagem cênica", criando-se efeitos "como se fossem reais". Para ele, os fatos fabricados concorrem em condições de superioridade – melhor técnica, mais dramaticidade, criação de cenas e situações vividas impossíveis de obter na realidade – com os fatos brutos ou reais.

A concorrência com a mídia eletrônica, por outro lado, levou o jornalismo impresso a se submeter às mesmas leis da tecnologia, dando mais importância à imagem do que ao texto escrito. "A aparência e a dinamicidade da página é que se tornam agora decisivos." Essa nova realidade com que se deparam os empresários da comunicação levou a uma reformulação do sistema do trabalho jornalístico impresso, obrigando a redação a adaptar-se à alta velocidade de circulação de informações, exigindo do profissional trabalho "na velocidade do sistema". "O jornalismo tornou-se um disciplinamento técnico, antes que uma habilidade investigativa ou lingüística."

Levando-se essa problemática para o objetivo de estudo deste trabalho, pode-se concluir que o repórter investigativo, que precisa de tempo para apurar suas histórias, suas fontes de informação e checar documentos, é uma peça destoante da engrenagem. Conseqüentemente, a reportagem investigativa torna-se rara nas páginas de nossos jornais diários, fato constatado pelos números apresentados na pesquisa de Chaparro (*Veja capítulo 1*).

O bom jornalista, hoje, acrescenta Marcondes Filho, é aquele que consegue, em tempo hábil, dar conta das exigências de produção de notícias e não mais o que melhor escreve. "Ele deve ser uma peça que funcione bem, universal, ou seja, acoplável a qualquer altura do sistema de produção de informações." Pode-se concluir, também, diante das observações de Ciro, que as características que um jornalista precisa possuir hoje para ser considerado um bom profissional não se coadunam com o perfil do repórter investigativo, que, dificilmente, conseguirá seguir os prazos operacionais com respeito à produção de matérias.

Para tornar o contexto ainda mais adverso ao jornalista investigativo, nota-se que o perfil do profissional exigido pelas empresas de comunicação marginaliza o repórter investigativo, assim como a lógica das redações atuais, que privilegia textos enxutos, curtos, superficiais, fragmentados, em blocos previamente estabelecidos, para facilitar a diagramação das páginas e agilizar o processo de fechamento.

De acordo com o estudo de Marcondes Filho, privilegia-se a notícia de no máximo três parágrafos e reserva-se mais espaço aos *drops* informativos em detrimento das matérias grandes – o que, de fato, se não inviabiliza, pelo menos reduz drasticamente as reportagens investigativas. Conforme o *Manual de Redação da Folha de S.Paulo* (1987, p. 47), *drop* é um recurso usado para aproveitar o noticiário à disposição do jornal, que chega pelas agências noticiosas e assessorias de imprensa. Cada editoria tem uma seção permanente de *drops* e nela são agrupadas notícias curtas, redigidas em duas frases no máximo.

Marcondes Filho chama a atenção para outro detalhe: quando se publicam matérias maiores – de três quartos de página ou mesmo página inteira ou dupla –, estas são contaminadas pelo "processo", pois são construídas, do ponto de vista narrativo, não de forma linear, mas pela aglutinação de fragmentos. Ou seja, o que Ciro quer dizer é que não existe um fio condutor na narrativa do repórter/redator; as informações chegam ao leitor no formato de blocos informativos, sem que exista ligação entre eles. Com isso, o leitor dificilmente poderá ligar a história que lhe está sendo narrada ao seu contexto social, político e cultural.

Outro ponto enfocado pelo teórico refere-se à "radical redução do universo lingüístico do jornalismo, geralmente associada à idéia de inteligibilidade ou simplicidade", fato que, no seu entender, origina-se da introdução dos manuais de redação criados pelas empresas jornalísticas, impondo padrões a seus profissionais e restringindo o número de termos em uso na construção das matérias diárias. Com relação às transformações do texto jornalístico, afirma ainda que a opção pela "transmissão a conta-gotas" de informação revela expressamente uma maneira específica de pensar, uma escolha aparentemente técnica, mas com fortes efeitos dispersivos, do ponto de vista da narrativa. "É uma opção que se coloca em oposição à narrativa didática, ou seja, aquela que não apenas traz uma notícia, mas aumenta a bagagem de informação e, a longo prazo, de formação do leitor."

A fragmentação das informações, numa matéria jornalística, impede a compreensão do leitor com relação ao fato que está sendo reportado. Isso porque, ao se construir uma história (matéria jornalística), pode-se optar por duas formas: a primeira, acoplando segmento a segmento, cada um dotado de certa informação, numa seqüência regular. Cada segmento independente possui sua própria informação e se alinha aos demais num mosaico de múltiplas peças. Todos valem praticamente o mesmo, o sentido está na peça isolada e o conhecimento se dá de forma difusa, livre.

A segunda maneira de se proceder é associando segmento a segmento por meio de uma lógica, ou seja, de tal forma que a informação de B amplie ou continue a informação de A, que será retomada pela informação de C. Nesse segundo caso, tem-se um desenvolvimento sobre o tema em questão: cada segmento está atrelado logicamente aos seus pares (anterior e posterior), constituindo uma ordem lógica, fazendo que o sentido do texto dependa do fio condutor. O conhecimento aqui não é difuso, mas linear.

Segundo Marcondes Filho, os jornais tratam os fatos, em grande parte, na primeira forma – pois é mais fácil agregar informações ilhadas, na suposição de que levem a uma visão de arquipélago. Entretanto, os diversos fragmentos apenas aglutinam-se e, por não se conectarem com os pensamentos anteriores e posteriores, exaurem a leitura pela redundância. São repetições do mesmo tema sob diversos ângulos; "no final, restam na memória do leitor apenas sinais, traços da informação, que cada segmento porventura deixou".

O pesquisador acredita que a opção por esse tipo de estrutura textual não acontece por acaso e traz embutida a suposição de que o leitor não irá até o fim da narrativa; logo, não é necessário preocupar-se com a concatenação dos argumentos. Dentro de outro enfoque, esse tipo de estrutura do texto facilita o processo de edição e a matéria poderá ser encurtada com mais facilidade, se houver necessidade, quanto à diagramação da página.

Os problemas relativos ao texto jornalístico, detectados por Marcondes Filho, têm sido vivenciados pelo repórter investigativo Antonio Carlos Fon, de 58 anos, 38 de profissão, detentor de três prêmios Esso, três prêmios Vladimir Herzog, que já trabalhou nos principais meios de comunicação impressos de São Paulo, como *Jornal da Tarde*, revistas *Realidade, Visão, IstoÉ, Veja* e *Superinteressante*. De acordo com Fon, em depoimento tomado no dia 23 de julho de 2003, nas redações de hoje não há mais lugar para o jornalista investigativo. Há quatro anos, ele pratica jornalismo investigativo apenas no âmbito das empresas e para os políticos em época de eleição.

Nas últimas três décadas, Fon tem presenciado o processo de aniquilamento do jornalismo investigativo e acredita que, pelo menos em São Paulo, ele foi desencadeado em meados dos anos 1970, pelo jornal *Folha de S.Paulo*, quando da introdução do Projeto Folha – que "começou a matar o jornalismo investigativo, com conseqüências sérias para a sociedade brasileira". O Projeto Folha, segundo o *Manual de Redação* do jornal, constitui um projeto editorial, cuja execução vem se desenvolvendo desde meados da década de 1970 e cujos objetivos – detalhados em sucessivos documentos do Conselho Editorial desse jornal – resumem-se em produzir um jornalismo crítico, modernizante, pluralista e apartidário (1987, p. 35).

Na visão do repórter, o primeiro passo dado no sentido de acabar com a reportagem investigativa foi a contratação de profissionais de outras áreas de atuação, que "passaram a ver o produto notícia sob outra ótica". Essa foi a primeira, segundo Fon, de "outras medidas nefastas impetradas sob o comando de Otavio Frias Filho, atual editor de redação da *Folha de S.Paulo*".

"Sem ter familiaridade com as técnicas de apuração jornalística, este pessoal, pendurado ao telefone, passa a se contatar com fontes de informação, anotar dados e a transformá-los em 'notícias', que posteriormente serão editadas, sem um espírito crítico. Não se faz um trabalho de análise sobre o que é dito e apurado junto às fontes de informação; o jornalista foi transformado, com esse projeto, em um anotador de dados, que posteriormente ele transforma em notícias insípidas, sem contextualização, que servem para desinformar o leitor ao invés de informá-lo", depõe o jornalista.

Para o repórter Fon, esses "jornalistas entre aspas", ligados a várias fontes de informação da sociedade, recebem destas relatórios completos, que são transformados em matérias, como se o "repórter" houvesse feito uma profunda investigação. "Por uma total falta de competência e conhecimento sobre o que é o jornalismo investigativo, pratica-se o jornalismo de dossiê." Os bons jornalistas investigativos, segundo Fon, estão afastados das redações, pois não conseguem se encaixar na nova lógica que impera no jornalismo brasileiro.

As mesmas críticas o repórter faz aos editores, "acostumados a pensar de acordo com os manuais de redação" que determinam o tamanho da matéria e como ela deve ser colocada nas páginas. "Está faltando sensibilidade nas redações. O que vemos são matérias fragmentadas, *drops* e infográficos de um lado [nas páginas dos jornais], e leitores que, ao chegar ao fim de uma leitura, não entendem o que aconteceu."

De acordo com o jornalista, o Projeto Folha modulou o jornal de tal maneira que os profissionais passaram a escrever em módulos, com tamanhos limitados, fazendo com que a informação chegue ao leitor de forma truncada, dando-lhe fragmentos de um fato, conseguindo muito mais "desinformar do que informar". E, como o jornalismo investigativo "não cabe nessa camisa-de-força, que são os módulos, eles conseguiram acabar com essa categoria jornalística."

Outro motivo para diminuição do número de matérias investigativas no jornalismo diário, de acordo com Fon, é o fato de os jornais não defenderem os interesses da sociedade, e sim os de sua própria empresa, privilegiando as matérias curtas com um número reduzido de informações, quando deveria estar acontecendo exatamente o contrário: à mídia impressa caberia aprofundar os acontecimentos. "Há uns 15 anos, o jornal impresso pautava a televisão; hoje é no jornalismo televisivo que a mídia impressa vai buscar temas para as suas reportagens."

O repórter investigativo Antonio Carlos Fon não é o único a imputar ao Projeto Folha as mudanças tanto no texto como na prática jornalística ocorridas na década de 1980. A mesma leitura sobre o fato é feita pelo pesquisador Jorge Cláudio Ribeiro (2001, pp. 53-80) nos seus estudos sobre as condições do trabalho jornalístico na empresa Folha da Manhã S.A. Sua pesquisa mostra que as mudanças no jornalismo tiveram início em maio de 1984, quando Otavio Frias Filho – que desde 1974 era secretário do Conselho Editorial – assumiu a direção de redação da *Folha de S.Paulo* e tratou de pôr em prática as propostas básicas do Projeto Folha, que abarca um conjunto de seis textos, datados de junho de 1981 a agosto de 1988. "É um projeto técnico que vai servir de base para o jornalismo praticado na empresa."

Para Ribeiro, o Projeto Folha marca uma radical transformação no texto jornalístico, que passa a ser "produtivo, instrumental, cada vez mais identificado com as necessidades do mercado". Ele argumenta que esse novo modelo jornalístico, orientado para a prestação de serviços, transforma a idéia do jornalismo como missão. O jornalismo passa a ser entendido como um serviço de atendimento às necessidades do público, despolitizando-se a concepção sobre "o que é e como fazer um jornal".

Há uma padronização no processo de construção da notícia que atinge, principalmente, a fase de captação de informações, acabando, por exemplo, com o furo jornalístico e com a grande reportagem, que passa a desinteressar os empresários da comunicação. "Sem investigação de origens – coisa que leva tempo e demanda recursos – e desprovidos de correlações, os fatos apresentados pela mídia tornam-se incompreensíveis." Ribeiro cita como uma das conseqüências mais marcantes deste novo fazer jornalístico o que chama de "repercutério", que define como os comentários de várias pessoas, girando em círculos, após um acontecimento ou um evento oficial. Para o autor, esse sistema empobrece a reportagem.

Entretanto, Otavio Frias Filho, em depoimento ao próprio Jorge Cláudio Ribeiro (2001, p. 131), é contundente e considera o jornalismo praticado na *Folha*, antes de sua ascendência à direção, "amadorístico" e propenso ao "proselitismo político". Ribeiro detectou em sua pesquisa outro fato, também denunciado pelo repórter Antonio Carlos Fon: a incorporação de universitários de outros cursos às redações – "o fundamental é conhecer o Manual da Folha, não é preciso ter cursado Jornalismo" (2001, p. 181). Tal medida acaba por inchar a oferta de mão-de-obra.

Nesse processo, dá-se o crescente afastamento entre as categorias hierárquicas dentro da redação e dividem-se os profissionais em duas classes. De um lado, os planejadores (diretores e editores), a quem são concedidos amplos poderes, pois estes "calibram a máquina, garantem seu funcionamento, vigiam a qualidade uniforme do produto final e eventualmente promovem a rápida substituição das peças defeituosas". Do outro lado, constata Ribeiro, estão os executores (repórteres, redatores) usados em sua dimensão profissional e humana mais simples, a quem cabe seguir instruções detalhadas e operar um equipamento informatizado, complexo, mas programado de antemão.

O Projeto Folha foi implantado dentro de um clima de terror inédito na área jornalística, tanto que no período de sua instalação foram demitidos 27 jornalistas sob a alegação de "insuficiência técnica". Ao todo, entre maio de 1984 e fevereiro de 1987, registraram-se 474 demissões, média de uma a cada dois dias. O objetivo, segundo o próprio Otavio Frias Filho, em depoimento ao autor, foi "remover a cultura jornalística existente, que tinha fortes referências ao estilo de comando dos dois diretores precedentes, Cláudio Abramo e Boris Casoy, de 1962 a 1984" (Ribeiro, 2001, pp. 180-200).

O processo de transformação foi traumático, de acordo com depoimento do jornalista Clóvis Rossi, do Conselho Editorial da *Folha* e comentarista desse mesmo jornal, ao autor. "A redação existente foi substituída por uma geração mais jovem, que ascendeu mais rapidamente porque já não havia os mais velhos." Os profissionais foram colocados numa linha de montagem, e a "produção editorial, racionalizada, formalizada e normalizada, utilizando a estrutura informatizada". Estabeleceu-se, ainda, um complexo sistema de quantificação e comparação das "unidades informativas" (notícias) presentes nas edições da *Folha de S.Paulo* em relação a outros jornais, entre elas o uso de fotos, mapas, gráficos, tabelas e textos-legendas.

Implantou-se ainda uma planilha de produção para o acompanhamento da evolução de cada reportagem ao longo do dia. A normatização consistiu em contabilizar o número de erros por edição e por redator, gerando um relatório diário – apelidado de "pelourinho" ou "superego" –, para avaliar individualmente cada jornalista, a quem eram atribuídas notas numa reunião mensal dos editores, e em estabelecer um Plano de Metas Trimestrais.

Na visão de Ribeiro, o parcelamento das tarefas e o afastamento entre as categorias hierárquicas da redação são fontes de rompimento da colaboração entre os membros da equipe. Em geral, o repórter preocupa-se em levantar a informação e o redator está atento para o texto; enquanto um viveu a sua notícia, o outro monta a sua página, previamente desenhada pelo pessoal da publicidade, fragmentando radicalmente o fazer jornalístico.

O repórter Antonio Carlos Fon atenta ainda para outra conseqüência da implantação do Projeto Folha após vinte anos, que considera "a mais nefasta" de todo esse processo de transformação do fazer jornalístico; os outros jornais incorporaram, posteriormente, esse estilo de fazer jornalismo, com respeito à padronização das matérias e à "quase extinção da grande reportagem". Essas palavras vêm ao encontro de uma declaração do próprio Otavio Frias Filho a Ribeiro: "A impressão que tenho é que os pontos programáticos do Projeto Folha estão não apenas consolidados, mas absorvidos pelo conjunto da imprensa diária. Iniciativas que foram tomadas pela *Folha* na segunda metade dos anos 1980, e que chegaram a provocar controvérsia na época, hoje são progressivamente incorporadas, sobretudo no eixo Rio–São Paulo" (2001, pp. 82-3).

Por tudo que foi levantado até agora, pode-se concluir que a pesquisa de Chaparro (1997, pp. 74-94) não apresenta surpresas quando detecta que apenas 2,32% do espaço da *Folha de S.Paulo*, no ano de 1995, foi ocupado pelas reportagens investigativas. O que causa surpresa são as declarações do diretor de redação da *Folha de S.Paulo*, Otavio Frias Filho, quando afirma, em depoimento em 14 de julho de 2003, que seu jornal mantém um corpo de repórteres especiais aptos a realizar matérias investigativas, integrado por quinze profissionais "voltados para apurações jornalísticas de maior fôlego que demandam uma qualificação profissional em tese maior".

Ele não os define como repórteres investigativos, pois essa distinção conceitual não existe na nomenclatura do jornal, mas declara que são "profissionais voltados freqüentemente para as pautas de jornalismo investigativo". Sua justificativa, com relação ao jornal publicar poucas reportagens investigativas, reduz-se ao custo que essa categoria jornalística traz ao veículo.

Frias Filho acredita que um dos objetivos importantes do jornalismo é desenvolver investigações; o problema surge quando se discutem as condições em que as investigações são realizadas e a maneira como elas são conduzidas na prática. Isso porque existem limitações de espaço bastante agudas nos veículos, além de limitações orçamentárias, que tornam difícil a prática da reportagem investigativa – "uma vez que é preciso deslocar um grupo de repórteres trabalhando por um tempo longo numa só investigação, o que acaba por inibir as possibilidades da investigação".

As transformações ocorridas no processo de construção dos textos jornalísticos, assim como na lógica das redações, apreendidas pelos teóricos e jornalistas brasileiros, também têm sido alvo de estudos dos americanos Bill Kovak e Tom Rosenstiel (2003, pp. 109-18), que detectaram a influência da informatização das redações nos processos de construção e edição das notícias. Eles enfatizam que a mudança se deu, nos Estados Unidos, principalmente no processo de apuração e verificação de informações. A internet e a Nexis (e mais outros serviços surgidos nos últimos dez anos para compartilhar e disseminar informações) têm permitido aos jornalistas fácil acesso às matérias e declarações sem que façam um trabalho de investigação. Os fatos são, então, facilmente obtidos, reescritos e depois redirecionados. "Nesta era de notícias 24 horas, os repórteres agora passam mais tempo procurando alguma coisa para acrescentar às suas matérias, geralmente interpretação, em lugar de tentar descobrir e checar, de forma independente, novos fatos."

Na visão dos pesquisadores norte-americanos, ao gastarem tanto tempo sintetizando a enorme massa de informação tirada dos portais da internet, os jornalistas estão correndo o risco de se tornar cada vez mais passivos, recebendo mais do que procurando saber. Para eles, "uma disciplina mais consciente de verificação é o melhor antídoto para evitar que o velho jornalismo de verificação seja atropelado pelo novo jornalismo de afirmação".

Com relação ao jornalismo investigativo, Kovak e Rosenstiel acreditam que no início do século XXI a revolução tecnológica e a organização econômica por ela propiciada estão criando novas oportunidades, ao mesmo tempo que ameaçam a independência dessa categoria jornalística. As novas tecnologias adaptadas às comunicações tornam a informação mais fácil e rápida, mas também propiciam a criação de corporações internacionais de comunicação, que desafiam o próprio conceito de Estado-nação.

Um exemplo disso são os conglomerados internacionais, como General Electric (comprou a NBC News), Walt Disney (comprou a ABC News) e American On Line (comprou a Time Warner), que já subordinaram o jornalismo a outros interesses maiores dentro de suas enormes culturas corporativas. "E como a interdependência dentro de uma companhia como a AOL-Time Warner é grande, qualquer reivindicação de independência por parte dos jornalistas deixa de ser uma iniciativa realista."

Os teóricos estadunidenses chamam a atenção também para o fato de que as ferramentas colocadas à disposição pelas novas tecnologias de comunicação possibilitam a qualquer pessoa competir com a grande imprensa. Como exemplo dessa facilidade, citam o Center for Public Integrity, de Washington, fundado em 1990 por Charles Lewis, ex-produtor do programa da CBS *60 Minutes*.

Frustrado com as pressões para produzir matérias mais divertidas, Lewis pediu demissão para fundar um novo tipo de organização jornalística, que não tivesse de se preocupar com os índices de audiência noturnos. Com o apoio financeiro de organizações filantrópicas, organizou um *workshop* de jornalistas com a mesma mentalidade para aproveitar ainda mais o poder dos computadores e a amplitude da internet. Sua iniciativa obteve sucesso e, em 1999, quarenta das grandes investigações do Center for Public Integrity foram pinçadas e distribuídas pelas empresas jornalísticas tradicionais, que não vinham mais pressionando suas equipes para fazer jornalismo investigativo.

Com isso, os estudiosos concluem que a forma de produzir e distribuir informação pode ser totalmente reorganizada por esses centros independentes, com a ajuda das novas tecnologias. Eles acreditam haver, hoje, um grande desafio às organizações tradicionais das notícias, pois, se "a velha imprensa abandonar de vez o papel de guardiã, outros grupos poderão assumir esta responsabilidade".

Livro-reportagem: uma saída profissional

Muitas vezes, ao fazer uma reportagem aprofundada, investigativa ou interpretativa, o repórter vai colhendo, ao longo do processo de captação de informações, material documental precioso, que, pelas limitações de espaço impostas pelo jornalismo, seria impossível incluir na edição de um jornal. Nesses casos, uma das soluções encontradas pelos repórteres investigativos, para não perder o material coletado e ainda ter a chance de mostrar o tema de forma mais aprofundada, é publicar a história em um livro-reportagem.

Na visão de Percival de Souza, o livro-reportagem "dá à obra do profissional de jornalismo uma nova dimensão". Por isso, ele não se preocupa, durante uma investigação jornalística, com a quantidade de material que vai coletando, pois, na maioria das vezes, ao sair para uma nova pauta, há sempre a expectativa de escrever um livro sobre o tema.

Mas é preciso deixar claro, segundo o repórter, que a reportagem não é transformada em livro: "a reportagem sai publicada no jornal, conforme foi combinado com a chefia de redação, mas como nem tudo que se apura pode, por limitação de espaço no jornalismo diário, ser publicado, costumo construir uma outra história, que nada tem a ver com a reportagem, a não ser o tema, e publicá-la num livro-reportagem".

A confusão, mesmo no meio jornalístico, com relação ao livro-reportagem é comum, pois muitos acham, segundo o repórter, que o livro republica a matéria que saiu no jornal. "Nunca transformo uma matéria em livro. Construo um novo texto, muito mais aprofundado, com informações que não entraram na matéria, até mesmo incluindo documentos que não cabem no jornal." O texto também é diferente, tem outra característica, há mais liberdade com relação ao idioma, pois embora seja um texto jornalístico, com ligações com o real, o autor pode "ousar em termos literários" e sair das limitações textuais do jornalismo de hoje, "que impõe ao repórter uma camisa-de-força que é o manual de redação".

Percival cita como exemplo a série de seis reportagens que publicou, em meados dos anos 1970, no *Jornal da Tarde*, sobre a Casa de Detenção, onde passou um mês convivendo com os presos. "Chegava pela manhã e só saía à noite, às vezes até dormia." O nome da série foi "A Prisão" (*Jornal da Tarde*, São Paulo, 29/7/1974, pp. 13-4; 30/7/1974, pp. 14-5; 31/7/1974, pp. 16-7; 1/8/1974, pp. 15-6; 2/8/1974, pp. 12-3; 3/8/1974, p. 11). O jornalista publicou várias histórias de presidiários, além de analisar como funcionava o sistema carcerário na época, mas "guardou" muitas outras histórias para um livro-reportagem que lançaria sobre o tema.

O mesmo aconteceu quando fez uma série de matérias sobre o manicômio judiciário, para onde iam muitos presos políticos, durante a ditadura militar. Na série publicada pelo *Jornal da Tarde* (São Paulo, 12/3/1979, 22/3/1979, 3/4/1979, 9/4/1979, 9/5/1979, 1/6/1979, 6/8/1979, 9/11/1979, 19/11/1979 e 28/12/1979), foram omitidas muitas histórias, por falta de espaço, além de um acervo documental sobre laudos psiquiátricos, muitos deles falsos, que, posteriormente, o repórter reuniu num livro-reportagem.

Recentemente, ao fazer uma série de matérias para a revista *Época* sobre o cabo Anselmo, muitos episódios foram guardados para outro livro-reportagem (1999). Na opinião de Percival, o livro-reportagem é imbatível, se comparado ao jornal ou mesmo à revista. "Ao contrário desses veículos, ele não é descartável."

As palavras de Percival de Souza corroboram as conclusões de Edvaldo Pereira Lima no seu estudo sobre livro-reportagem (1995). O autor parte da hipótese de que o livro-reportagem estende a função informativa e orientadora do jornalismo impresso cotidiano, cobrindo os vazios deixados pela imprensa na medida em que amplia, para o leitor, a compreensão da realidade. Para Lima, o livro-reportagem apóia-se no jornalismo cotidiano, ampliando-o – o que vai ao encontro das palavras de Percival, quando afirma que "o livro-reportagem não republica a matéria que o jornal editou, mas traz ao leitor novas informações e nova linguagem".

Para conceituar o livro-reportagem, Lima aborda o conceito de reportagem como a ampliação da notícia, a horizontalização do relato – no sentido da abordagem extensiva e detalhada – e também sua verticalização – no sentido de aprofundamento da questão em foco, em busca de suas raízes, suas implicações, seus desdobramentos possíveis. Define o livro-reportagem como "veículo de comunicação impressa não-periódico que apresenta reportagens em grau de amplitude superior ao tratamento costumeiro nos meios de comunicação jornalística periódicos" (1995, pp. 20-49).

Acrescenta ainda que o livro-reportagem distingue-se das demais publicações classificadas como livro em três pontos: quanto ao conteúdo (o objeto de abordagem de que trata o livro-reportagem corresponde ao real, ao factual), ao tratamento (compreendendo a linguagem, a montagem e a edição do texto, o livro-reportagem apresenta-se como eminentemente jornalístico) e à função (o livro-reportagem pode servir a distintas finalidades típicas ao jornalismo, que se desdobram desde o objetivo fundamental de informar, orientar, explicar).

O teórico divide o livro-reportagem em duas categorias básicas, que levam em conta o vínculo estreito desse produto com o jornalismo diário: o livro-reportagem que aproveita um fato de repercussão atual para explorá-lo com maior alcance, enquanto o impacto reverbera pela sociedade; e o livro que não se limita ao rigorosamente atual, trabalhando temas um pouco mais distantes no tempo, de modo que se possa, a partir daí, trazer explicações para as origens, no passado, das realidades contemporâneas. Foi nessa segunda categoria de livro-reportagem que Percival de Souza se ancorou para produzir sua obra sobre o cabo Anselmo (1999), que traz esse personagem do passado recente da história brasileira para o presente, em todas as dimensões: humana, política e profissional.

Percival de Souza entende que, de modo geral, nos seus livros sobre o delegado Sérgio Paranhos Fleury (2000) e cabo Anselmo, tudo que havia sido escrito sobre eles foi feito sem o necessário distanciamento, pois "tínhamos apenas uma literatura engajada escrita por militantes de esquerda, que, derrotados – a expressão é triste, mas verdadeira –, escreveram uma catarse". Por isso, no seu livro-reportagem biográfico sobre o delegado Fleury, Percival usou um relato contundente, "no qual não estou de um lado, nem do outro, não vesti nenhuma camisa política, embora muitos quisessem que eu o fizesse". Ao contrário, utilizou-se de documentos, depoimentos testemunhais, tudo rigorosamente exato, o que desagradou a muitos.

Percival conta que fez questão de apresentar um personagem que "causou furor" na esquerda, a amante do delegado, que era a irmã de Raimundo Pereira Rodrigues, patriarca da imprensa alternativa e comunista histórico.

O jornalista explica que se trata de um livro-reportagem, não de uma ficção; então, se pergunta: "O que eu poderia ter feito? Pelo fato de a amante do personagem ser irmã do Raimundo Rodrigues Pereira eu iria tirá-la da história? Que jornalismo é esse?" Além disso, ela havia guardado cartas de amor, apaixonadíssimas, que o personagem escreveu para ela e deixou que o jornalista as publicasse. "Na minha visão jornalística, só um homem como Fleury apaixonado já valia um livro."

Com a consciência tranquila, o repórter não tem reparos a fazer nesse livro-reportagem, pois escreveu preso à exatidão jornalística. "Tem gente que só consegue ver com um olhar oblíquo, mesmo a história do Brasil. O que eu posso fazer? Tirar personagens da reportagem? Mostrar só um lado do personagem principal, aquele que todos conhecem, o torturador? Não, o objetivo do livro-reportagem é alargar as informações para o leitor, mostrar todas as dimensões de um fato ou pessoa. Foi isso que fiz, mostrei meu personagem em todas as suas dimensões humanas."

Essa preocupação com a realidade, com os fatos e com a verdade, defendidos pelo repórter em relação à sua obra, confirma, mais uma vez, as características, segundo Edvaldo Pereira Lima, do livro-reportagem que o diferenciam do livro comum, pois "livro-reportagem aborda o objeto da narrativa com veracidade" (1995, p. 29)

De acordo com Lima, o livro-reportagem é muitas vezes fruto da inquietude do jornalista que tem algo a dizer, mas não encontra espaço para fazê-lo no seu âmbito regular de trabalho, na imprensa cotidiana. Com relação a esse enfoque, o trabalho jornalístico do repórter investigativo Percival de Souza exemplifica as palavras do teórico – agora, com relação à reportagem sobre o cabo José Anselmo dos Santos, um dos líderes do Movimento dos Marinheiros em 1964, considerado uma das causas historicamente reconhecidas do golpe militar. Anselmo foi preso em 1964, fugiu, engajou-se na esquerda, optou pela luta armada e acabou fazendo curso de guerrilha em Cuba. Retornando ao Brasil, foi preso pelo Dops e aí catequizado e transformado em agente duplo.

Quando surgiu a chance de entrevistar o cabo Anselmo, Percival percebeu que tinha nas mãos a oportunidade de resgatar parte da história por meio desse personagem, de fazer um trabalho de reconstituição de fatos. Quando a matéria foi publicada, percebeu que poderia transformá-la num livro. Primeiro, por causa do pouco espaço que os jornais dão hoje às reportagens investigativas; segundo, por causa da chance de aprofundar um tema que exige um mergulho de fôlego que só o livro, indiscutivelmente, permite.

Percival relembra a angústia que sentiu ao perceber que tinha o cabo Anselmo nas mãos. Com total consciência de sua situação privilegiada, resolveu aproveitá-la ao máximo; decidiu, então, que a reportagem e o livro-reportagem iriam caminhar juntos, pois sabia que muitos historiadores gostariam de estar em seu lugar e que o produto livro daria outra dimensão ao seu trabalho de resgate, por meio desse personagem, de um pedaço controvertido da história do Brasil.

Percival confessa que dois de seus livros lhe trouxeram muitos aborrecimentos – o de Fleury e o de cabo Anselmo –, pois grupos de esquerda questionaram o porquê de só "agora" Anselmo ter "resolvido falar". O repórter explica que em nenhum momento o cabo Anselmo "resolveu falar", mas que foi preciso muita conversação, meses de negociação até que finalmente concordasse em dar a entrevista. Todo o processo de apuração foi penoso, com meses de tentativas para marcar entrevistas e meses de pesquisa sobre fatos da história do Brasil, em arquivos e longas conversas com historiadores, para entender aquele momento histórico.

Depois, durante o encontro com o personagem, o repórter passou quase um mês longe da família, emocionalmente abalado, trabalhando praticamente 24 horas por dia sem parar: de dia, interrogando a fonte; à noite, redigindo os dados, pois não podia gravar as entrevistas, pelo acordo prévio feito com Anselmo.

"O que na verdade desgostou a esquerda foi o fato de se fazer uma matéria com alguém que traiu a esquerda, pois Anselmo se tornou agente da repressão. E aí eu pergunto, novamente. Eu vou ignorar um personagem da história do Brasil, deixar de fazer uma matéria, na minha opinião da maior importância para esclarecer nosso passado, porque o personagem é traidor, um Judas? Eu sou um jornalista, eu reporto fatos, conto histórias reais, não posso, na prática da minha função, sonegar informações, manipular fatos ou ignorar fontes."

Tal preocupação com a realidade alinha-se com as características do livro-reportagem apontadas por Edvaldo Pereira Lima, quando define o compromisso do autor com a veracidade como um diferencial entre o livro comum e o livro-reportagem (1995, p. 29).

Concluindo este capítulo, que tentou traçar o contexto em que se pratica hoje a reportagem investigativa, pode-se afirmar que ele é adverso a essa categoria jornalística em quatro frentes: quanto à lógica do sistema de trabalho jornalístico desenvolvido nas redações, à apuração das informações, à elaboração do texto e ao método de edição.

Em um processo que teve início nos anos 1970, quando a mídia impressa, para concorrer com a mídia eletrônica televisiva, se submete às leis da tecnologia, começa uma mudança no sistema do trabalho jornalístico, intensificada com o advento da informatização das redações e que chega ao ápice nos dias de hoje, quando o trabalho nas redações está adaptado à velocidade da circulação das informações. Conseqüentemente, quando se exige que o profissional trabalhe na velocidade do sistema, exclui-se o jornalista investigativo – que não faz suas apurações entre fontes estabelecidas, como agências noticiosas e assessorias de imprensa, não consegue cumprir prazos fixos de fechamento nem produzir reportagens dentro de padrões estabelecidos (com relação a espaço), e ainda necessita de tempo para desenvolver suas apurações.

Com respeito à elaboração das matérias, a reportagem investigativa está na contramão do fazer jornalístico processado nas redações de hoje, que privilegia a imagem em detrimento do texto e as notícias curtas de até três parágrafos em detrimento das grandes matérias. Levando-se em conta, ainda, que a finalidade do jornalismo investigativo é aprofundar as informações para o leitor, conclui-se que ele está na contramão desse tipo de edição, já que seu objetivo é levar ao leitor uma informação que grupos de poder querem omitir ou sonegar da sociedade, explicando-a na sua complexidade, sem simplificações reducionistas e sem tentar neutralizar seu impacto perante a sociedade.

CAPÍTULO 3

JORNALISMO INVESTIGATIVO: CONCEITUAÇÃO

Por reconstruir acontecimentos importantes, expor injustiças e, principalmente, mostrar os meandros da corrupção no setor público – que os poderes estatais querem ocultar dos cidadãos –, o jornalismo investigativo, com sua face fiscalizadora, tornou-se conhecido pela sociedade. Essa interface com a prestação de serviços tem criado, no imaginário dos cidadãos, uma idéia equivocada do jornalismo investigativo: a de que ele ocupa espaços que o estado omisso deixa vazios, quer por incompetência, quer por irresponsabilidade, quer por má-fé. O objetivo deste capítulo é, exatamente, conceituar o jornalismo investigativo como prestador de serviços à sociedade, mostrando o diferencial conceitual que o separa das outras categorias jornalísticas, tendo como base pesquisas de teóricos em jornalismo e depoimentos de profissionais vinculados aos principais veículos de mídia impressa do país.

O jornalismo investigativo será analisado quanto ao conteúdo das reportagens, aos métodos e estratégias usados pelos repórteres nas suas rotinas produtivas, às relações destes com as fontes de informação, às questões éticas que norteiam a atuação dos profissionais e à sua função social.

Assim como o interpretativo, o jornalismo investigativo é uma categoria que emergiu com a transformação das empresas jornalísticas em indústrias da comunicação, quando o leitor/consumidor passa a ser o fim e o objetivo do produto jornal. É quando a reportagem ganha, então, novo sentido, passando a conter os seguintes elementos: uma dimensão comparada, a remissão ao passado, a interligação entre outros fatos (contexto) e a incorporação do fato a uma tendência e sua projeção para o futuro. O jornalismo investigativo não se diferencia do jornalismo interpretativo pelo formato do texto ou pela apresentação gráfica da reportagem, mas pelo processo de trabalho do profissional, pelas estratégias que ele utiliza na fase de apuração.

O simples fato de um texto jornalístico conter cifras, estatísticas, porcentagens econômicas, documentação e declarações não o define como jornalismo investigativo, já que todas essas informações podem ter sido obtidas de uma fonte oficial, extraída de documentação ou entregue em forma de *press-release*. Ele se transforma em jornalismo investigativo quando o repórter utiliza técnicas e estratégias peculiares, que não fazem parte da rotina dos jornalistas de atualidade, e quando torna públicos acontecimentos que grupos de poder querem esconder da sociedade.

Para tentar conceituar o jornalismo investigativo optou-se, nesta obra, pela técnica da entrevista a profissionais que atuam nos principais veículos da mídia impressa brasileira na função de repórteres investigativos, visando, assim, detectar, no fazer jornalístico de cada um deles, as características dessa categoria jornalística para, conseqüentemente, defini-la.

Na opinião do repórter investigativo Percival de Souza, esse modelo que se convencionou chamar hoje no Brasil de jornalismo investigativo sempre existiu, pois ao longo da história do jornalismo as redações sempre contaram com aquele repórter solerte, que corria atrás do furo, tentando descobrir as falcatruas das fontes de poder, na tentativa de alertar a sociedade. O que mudou ao longo do tempo foi o modelo de jornalismo investigativo praticado. Nos anos 1970, por exemplo, o modelo de jornalismo investigativo muito apreciado tinha como referência a corrente americana denominada *New Journalism* e uma obra paradigmática de Gay Talese,

Aos olhos da multidão, uma coletânea de artigos pouco ortodoxos deste autor feitos, primeiramente, para revistas, como a *Esquire*, que se tornou um exemplo clássico de *New Journalism*. Nas redações brasileiras, pelo menos no eixo Rio–São Paulo, esse tipo de jornalismo recebia o nome de "reportagem especial", e nas conversas informais, entre jornalistas, "grande reportagem". Ninguém usava, nas redações dos anos 1970 – nem usa nas redações de hoje –, o termo "jornalismo investigativo", uma tradução literal de *investigative journalism*, criado nos Estados Unidos. Mas, na opinião de Percival, não importa a terminologia: o certo é que existe, realmente, um tipo de jornalismo em que o repórter precisa batalhar pelas informações, desenvolver técnicas próprias de apuração, ter uma metodologia para construir a reportagem. É o processo de trabalho do repórter que diferencia a reportagem investigativa dos outros tipos de reportagem.

Percival de Souza acredita que a "reportagem especial" ou a "grande matéria", como chamam os repórteres mais antigos, que hoje estão na faixa dos 60 anos, pode ser dividida em dois tipos: a reportagem investigativa descritiva, quando o repórter vai fundo para captar informações, entrevistando várias fontes para interpretar um fato social, mas tem na narração descritiva o ponto forte da matéria. Nesse tipo de reportagem investigativa, o texto, que fica no limiar entre o jornalismo e a literatura, é o ponto forte do trabalho jornalístico. No outro tipo de reportagem investigativa, segundo Percival, o texto vem em segundo lugar, privilegiando-se os fatos que se quer denunciar. Nesse caso, o profissional, como um detetive, lança mão de estratégias, às vezes nada ortodoxas, para conseguir as informações necessárias. "Ele precisa batalhar pela informação, descobrir quem pode desvendar algum fato que está sendo escondido da sociedade e, para isso, usar uma metodologia especial." Mas, nos dois casos, o repórter precisa ter uma característica fundamental: a sensibilidade. "Sem isso, não tem reportagem, não tem jornalismo."

Para o repórter Antonio Carlos Fon, o que se convencionou chamar de jornalismo investigativo é mais uma técnica, "um modo" de fazer jornalismo, do que "um tipo" de jornalismo à parte. "Jornalismo investigativo é um conjunto de técnicas que você pode usar em qualquer tipo de jornalismo: econômico, político, esportivo, de divulgação científica". Fon cita como exemplo a matéria que fez sobre a seca no Nordeste, sob o título "Seca – Os ventos contra o Nordeste" (*Superinteressante*, São Paulo, 1994, pp. 47-51), que ele define como jornalismo investigativo.

Essa reportagem, primeiramente, pode ser incluída dentro do jornalismo especializado, como uma reportagem de divulgação científica, pois o objetivo era mostrar o porquê da seca nessa região brasileira, cientificamente; mas, como foram empregadas técnicas de jornalismo investigativo, ela se transformou numa reportagem investigativa, embora o tema não seja policial ou político. Nela, Fon mostra, tendo como referência entrevistas feitas com cientistas brasileiros, que as correntes de ar que cruzam o oceano Pacífico influenciam a temperatura das águas no Atlântico Norte, determinando o ciclo das chuvas e secas no Nordeste do Brasil.

Na segunda parte, enfoca a possibilidade de se conviver com a estiagem, já que a ciência ensina a administrar a carência de água e arrancar colheitas da terra calcinada, plantando-se na hora certa para não desperdiçar sua umidade. Na terceira parte, denuncia que, no sertão sedento, nas terras dos políticos não há falta d'água. Essa reportagem repercutiu nacionalmente, ao mostrar quem ganha com a indústria da seca no Nordeste brasileiro. Dessa forma, utilizando-se de metodologia e técnicas de apuração específicas, o repórter transformou uma matéria de jornalismo científico em jornalismo investigativo.

***

O repórter Fernando Rodrigues, 39 anos, é mestre em Jornalismo Internacional pela City University de Londres e pertence a uma nova geração de repórteres investigativos. Atualmente, é colunista da *Folha de S.Paulo* em Brasília e já ocupou a função de editor de Economia, correspondente do jornal em Nova York, Washington e Tóquio, além de ter conquistado prêmios importantes do jornalismo e ser co-autor de dois livros, *Os donos do Congresso* (1994), que ganhou o Prêmio Jabuti como melhor livro-reportagem, e *Racismo cordial* (1994).

Em depoimento em julho de 2003, colocou-se entre os que consideram a expressão "jornalismo investigativo" um pleonasmo, já que toda atividade jornalística embute certa dose de investigação. Entretanto, reconhece que no Brasil, assim como em outros países, a expressão é usada nos casos de reportagens mais alentadas sobre determinado tema.

Da mesma geração e com a mesma linha de pensamento de Rodrigues, o repórter investigativo Rubens Valente também acredita que todo trabalho de reportagem é, por si só, um trabalho investigativo, mas reconhece que algumas reportagens demandam mais tempo, dinheiro, paciência, documentos, viagens, depoimentos, gravações e comparação de dados do que outras que podem ser construídas com a declaração de uma autoridade ou a publicação de um documento – e é justamente a essas mais trabalhosas que é dado o nome de reportagem investigativa.

Com 35 anos, sendo catorze de profissão, Valente é formado em Jornalismo pela Universidade Federal de Mato Grosso do Sul; antes de vir para São Paulo, trabalhou nos jornais *Diário da Serra* e *Correio do Estado*, de Campo Grande; no *Diário de Cuiabá*, de Cuiabá; e na Agência Folha, em Campo Grande. Em São Paulo, foi repórter nas sucursais de *O Globo* e *Jornal do Brasil*, passando depois para a revista *Veja*. Desde 2001 é repórter da *Folha de S.Paulo*.

Por seu trabalho investigativo, recebeu em 1998 o Prêmio Marçal de Souza de Direitos Humanos; em 2000, o Prêmio Cláudio Abramo de Jornalismo, em parceria com os colegas Chico Otávio e Vannildo Mendes; em 2002, o Prêmio Esso de Reportagem, em parceria com Chico Otávio; nesse mesmo ano, foi finalista, ao lado de Eduardo Scolese, da Agência Folha, dos prêmios Esso e Líbero Badaró, com a matéria sobre fraudes na reforma agrária feita no governo de Fernando Henrique Cardoso.

Valente acredita que a reportagem investigativa leva o leitor, ao lê-la, a se perguntar: "Como o repórter conseguiu descobrir isso?" Essa frase, na sua opinião, define o jornalismo investigativo.

Os depoimentos dos repórteres investigativos deixam claro que a terminologia "jornalismo investigativo" ainda não foi introduzida nas redações brasileiras, pelo menos nas dos veículos impressos. Mas esses profissionais têm consciência de que praticam um tipo de jornalismo que se diferencia das outras categorias jornalísticas, quer pelo processo de trabalho dos profissionais, quer pelo conteúdo das matérias.

Para um grande número de teóricos, como Heriberto Cardoso Milanês, doutor em Ciências da Comunicação Social e professor titular da Cátedra de Jornalismo e Comunicação Organizacional da Faculdade de Comunicação da Universidade de Santiago de Cuba, o termo "jornalismo investigativo" já está consolidado para definir um tipo de jornalismo que se diferencia dos outros não só com relação ao processo de trabalho do jornalista, mas também com relação ao conteúdo das matérias. Para ele, o jornalismo investigativo distingue-se do jornalismo de atualidade fundamentalmente pela seleção de determinados temas e pela profundidade de tratamento que dá ao assunto que aborda.

Milanês define a reportagem investigativa como o resultado do emprego combinado de métodos de trabalho e técnicas rigorosas de apuração na busca das informações, o que implica um consumo de tempo e recursos superiores à média das reportagens convencionais.

Entre os pesquisadores, há uma corrente que associa o repórter investigativo ao profissional que assume a posição do detetive policial, na tentativa de descobrir informações que fontes de poder querem esconder da sociedade. O jornalista colombiano Geraldo Reys coloca-se nessa corrente, quando define o repórter investigativo como um especialista na montagem de um quebra-cabeça, no qual as peças estão dispersas e alguém tenta mantê-las escondidas.

Na visão de Reys, o repórter na sua função investigativa busca informações utilizando o que chama de "olfato inquisitivo", partindo de suposições, que geralmente são levantadas antes do início da fase de apuração. Com a mesma linha de pensamento de Reys, a teórica Montserrat Quesada (1987) enfatiza a importância da "intuição" no trabalho investigativo, quando assinala que o jornalista deve dispor dela a fim de seguir a pista correta na busca de idéias para investigar. Enfatiza que essa "intuição" não se baseia em metodologia precisa ou lógica, mas sem ela o repórter não poderá avançar no seu processo de investigação (1987, p. 75).

Utilizando termos diferentes para desenvolver suas idéias, Geraldo Reys ("olfato inquisitivo") e Quesada ("intuição") referem-se ao que Percival de Souza define como "sensibilidade, a mola mestra do jornalismo investigativo". Exemplificando a importância da "sensibilidade", ele cita uma reportagem investigativa que fez em 1978, publicada numa série de duas matérias (*Jornal da Tarde*, 23/8/1978 e 24/8/1978), sob o título "Saccomani", envolvendo o então presidente da Sociedade Esportiva Palmeiras, Jordão Bruno Saccomani, que deu um golpe financeiro na praça, roubando várias pessoas, inclusive jogadores e o próprio time.

"Foi um escândalo. Em tese, a matéria deveria ser coberta pelos repórteres da editoria de Esportes, mas eles estavam presos às fontes oficiais do clube que garantiam que Saccomani fugira para o Paraguai." Entretanto, essas informações não convenceram Percival, que, seguindo sua intuição, começou a acompanhar o caso. "Coloquei na cabeça que iria localizar Saccomani, pois acreditava, piamente, que ele estava no Brasil." Sem comentar com seu chefe de reportagem, passou a ler tudo sobre o caso, até que descobriu, pelo Diário Oficial, que um advogado iria defendê-lo numa sustentação de pedido de *habeas corpus* no Tribunal de Justiça. "Chequei o nome do advogado, não era ninguém importante, mas imaginei que este iria ao Tribunal para fazer a sustentação oral e, em seguida, encontraria com Saccomani, que estaria ansioso para saber no que deu."

Partindo dessa suposição, Percival assistiu à sessão do Tribunal como "um espião", escondido entre as colunas do fórum. Quando tudo acabou, Saccomani perdeu e o advogado saiu com pressa. Certo de que ele encontraria seu cliente, Percival o seguiu a uma distância regular. "Foi uma perseguição a pé, pois o fórum ficava no Centro da cidade. Ele caminhou em direção à praça Clóvis, entrou na rua Direita, chegou à Praça do Patriarca, atravessou o Viaduto do Chá, subiu a Xavier de Toledo e eu atrás. Aí, para minha total surpresa, entrou no prédio do Hotel Jaraguá, o mesmo onde, na época, estavam instalados os jornais *Estado de S. Paulo* e *Jornal da Tarde*, onde eu trabalhava."

Nesse hotel, havia um bar famoso, freqüentado por jornalistas entre os anos 1970 e 1980. O advogado entrou e o jornalista foi atrás. "Não deu outra: o Saccomani estava lá, e quando eles me viram houve uma pequena confusão, um nervosismo geral, mas aí, calmamente, expliquei que só queria conversar." Sentaram-se os três e Percival provou que a melhor saída para o acusado seria contar sua versão, pela imprensa, em vez de fugir como um bandido. "Dei minha palavra que não revelaria o lugar onde ele se encontrava e, pasme, consegui convencê-lo de que estava lhe dando a chance de se explicar perante o clube e a torcida. Não deu outra: a entrevista foi marcada para o dia seguinte. Para encurtar a história, dei um furo de reportagem, contando os pormenores do caso, mostrando os antecedentes do desfalque e as conseqüências do fato para o Palmeiras e a torcida."

Esse tipo de reportagem investigativa encontrada, com certa freqüência, nas páginas dos jornais nos anos 1970 comprova na prática as palavras de Reys e Quesada, para os quais o jornalista investigativo precisa acreditar na sua intuição, pois, sem ela, não há processo investigativo. Buscando-se um fundamento teórico para a importância da intuição na reportagem investigativa, pode-se empregar no jornalismo investigativo a teoria de abdução de Charles S. Peirce, segundo a qual, ao se observar um fato surpreendente, deve-se levantar hipóteses para explicá-lo (1983, p. 221).

Segundo Peirce, os elementos de uma hipótese sobre certo problema já se encontram na nossa mente, mesmo que não tenhamos consciência deles. Embora essa hipótese introduza uma idéia nova, ela apenas sugere que algo pode ser, sem qualquer certeza. E é desse raciocínio que se vale o repórter investigativo na sua busca por novos ângulos para dar conta de sua investigação, afirma a pesquisadora Sandra Regina Moura (2002, p. 27).

Após levantar uma hipótese, o repórter deve testá-la, indo ao encontro, novamente, da teoria de Peirce, para quem "a abdução, responsável pela formação da hipótese, não professa nenhuma certeza", apenas sugere que "algo pode ser", necessitando, assim, de dois outros tipos de raciocínio – dedução e indução – para ter qualquer validade. A dedução se limita a desenvolver as conseqüências necessárias de uma hipótese fornecida pela abdução, provando que "algo deve ser"; enquanto a indução determina um valor, mostrando que "algo é atualmente operativo" (1983, p. 221).

Transportando-se a teoria de Peirce para o processo de construção da reportagem investigativa, pode-se concluir, de acordo com Moura (2002, p. 28), que o repórter, para saber se sua hipótese está correta, necessita adotar um plano de trabalho, traçando todos os passos necessários para a apuração dos fatos: avaliação do tema, se ele é viável ou não; estudo das técnicas e estratégias que podem ser acionadas; o tempo necessário para fazer a matéria; previsão de gastos; informações sobre a necessidade de criação de uma equipe de investigadores; e as possíveis dificuldades que serão encontradas ao longo do processo.

Esse passo, enfim, equivaleria ao raciocínio dedutivo, que, em síntese, consiste em se traçar conseqüências experimentais necessárias e prováveis ao trabalho depois que a hipótese foi adotada. Não há um rigor quanto à forma de apresentação desse estudo de viabilidade: ele tanto pode ser formulado por escrito como pode se resumir a conversas e trocas de impressões entre o repórter e seus colegas. "O que importa é que o jornalista planeje o seu trabalho, formal ou informalmente, considerando que a falta de um planejamento pode trazer prejuízos à investigação" (Moura, 2002, p. 29).

Em seguida, o jornalista parte para a verificação das hipóteses levantadas: recolhe depoimentos de fontes, relaciona documentos, compara as versões dadas ao caso, enfim, segue em busca da comprovação do que está sendo investigado, para saber se a hipótese levantada se sustenta ou não – ou seja, o repórter entra na fase que Peirce chama de indução, que, segundo ele, é o único método comprobatório de uma hipótese. No caso do jornalismo investigativo, comprovada a hipótese e já tendo a apuração em mãos, o repórter inicia a construção de sua matéria.

Quesada também coloca a importância da solidez científica para o jornalismo investigativo, quando afirma que "no jornalismo investigativo a verificação da informação é fundamental e se constitui na única maneira de dar solidez científica à investigação jornalística" (1987, p. 84).

A verdade jornalística

Quando se define o jornalismo investigativo como um gênero que busca uma informação que grupos sociais de poder querem esconder, pressupõe-se que o repórter investigativo busca um fato que alguém não deseja divulgar, ficando explícito que o repórter caminha em direção a uma meta, um propósito, que é a verdade dos fatos. Quando Quesada, por exemplo, propõe que a verificação da informação é fundamental para dar solidez científica à investigação jornalística, pode-se concluir que essa "solidez" pressuponha a "verdade jornalística". Dada a inegável complexidade do termo "verdade" e por fugir do propósito desta pesquisa, não se tem aqui a pretensão de entrar numa discussão envolvendo o conceito de verdade. Porém, a noção de "verdade no jornalismo", que sempre esteve ligada à idéia de credibilidade, precisa ser colocada quando se trata do jornalismo investigativo, que tem por meta mostrar "a verdade" que alguém deseja esconder.

Voltando-se a Peirce e colocando-se o trabalho do repórter investigativo nos eixos da teoria desse autor, o final da investigação jornalística não equivaleria a uma verdade inatacável, mas corresponderia a um "estado de crença", que se baseia em três aspectos: a crença seria algo de que estamos cientes; ela aplaca a irritação da dúvida; e, por fim, envolve o surgimento de um hábito. Para Peirce, a investigação começa quando algo externo choca-se com nossas "crenças atuais" e as coloca em dúvida; o fim do problema corresponderia ao instante em que cessa a dúvida e a crença (ou uma nova crença) é atingida. "Assim, o único objeto do inquérito é a fixação da opinião" (1983, p. 65). Ou seja, o objetivo da investigação não seria uma verdade absoluta e inquestionável, mas o estabelecimento de uma opinião ou a fixação de uma crença.

A passagem da dúvida à crença ocorrerá por meio do que Peirce chama de investigação – que, por sua vez, se manifesta na interconexão entre os três tipos de raciocínios (abdução, dedução e indução), um método que pode ser aplicado a qualquer campo, da pesquisa científica à vida cotidiana. A longo prazo, esse método pode levar a um acordo de opiniões da comunidade, isto é, a uma opinião "provisoriamente verdadeira". Em síntese, na teoria peirciana, a verdade teria origem no acordo, no entendimento e na concordância dos indivíduos acerca de um acontecimento. "A opinião que será, afinal, sustentada por todos os que investigam é o que entendemos por verdade, e o objeto que nessa opinião se representa é o real. Dessa maneira explicaria eu a realidade." Transportando para o jornalismo investigativo a teoria peirciana, a verdade se originaria do acordo, do entendimento e da concordância dos leitores com relação à credibilidade do veículo.

A "verdade jornalística" também tem sido alvo de estudo dos pesquisadores em comunicação de massa, como Bill Kovak e Tom Rosenstiel (2003, pp. 68-77), para quem essa verdade é muito mais do que simples precisão: "É um processo seletivo que se desenvolve entre a matéria inicial e a interação entre o público leitor e os jornalistas, ao longo do tempo". Alegam que para entender o processo seletivo é importante lembrar que o jornalismo existe dentro de um contexto social, e que cidadãos e sociedade dependem e precisam, para funcionar, de um relato preciso e confiável dos fatos.

Para chegar a esse ponto, desenvolvem-se procedimentos e processos, que chamam de "verdade funcional": por exemplo, policiais perseguem e prendem suspeitos baseados em fatos; juízes presidem julgamentos, jurados dão veredictos de culpa ou inocência baseados em fatos. "Todas essas verdades, incluindo as leis da ciência, estão sujeitas à revisão, mas, por um período, nos orientamos por elas porque são necessárias e funcionam."

Os teóricos acreditam que o jornalismo procura uma forma prática e funcional da verdade. "Não a verdade no sentido absoluto ou filosófico, não a verdade de uma equação química, mas o jornalismo pode e deve perseguir a verdade, uma verdade funcional." Kovak e Rosenstiel não acreditam que o simples fato de os jornalistas trabalharem com precisão seja suficiente para que revelem a "verdade" ao leitor – mesmo porque, alegam, "a simples exatidão também não é o que o leitor procura". A "verdade jornalística" precisa estar assentada na correspondência (precisão) e na coerência (interpretação), o que, jornalisticamente, significa "apurar direito os fatos e dar-lhes sentido".

Os teóricos acreditam que o jornalismo se sustenta na exatidão das apurações, numa concepção mais ampla, que inclui contexto, interpretação, debate e comunicação pública. Definem a "verdade jornalística como um processo, uma caminhada contínua na direção do entendimento, que começa com as primeiras apurações e vai se construindo ao longo do tempo". As primeiras reportagens, explicam, indicam a existência de um novo fato ou tendência e podem começar com um relato de alguma coisa simples, como um acidente de trânsito. Primeiro, as reportagens determinam a hora e o local do acidente, os danos causados, os tipos de veículos envolvidos, as prisões, as condições do tempo ou das vias públicas, enfim, os dados externos ao fato. Em seguida, os repórteres tentam armar um relato equilibrado e confiável desses mesmos fatos, válido por agora, mas sujeito a uma investigação posterior: é nesse processo que a verdade jornalística aflorará. Acreditam que embora a verdade seja um fenômeno complicado e contraditório, se for vista como um processo, ao longo de tempo, "pode ser captada pelo jornalismo".

A inquietação com a "verdade" é causa de angústia de boa parte dos jornalistas brasileiros. Para Rubens Valente, por exemplo, a "busca da verdade" é uma missão de vida – e ele deixa isso bem claro quando afirma que o ideal é buscar sempre um jornalismo que não se contente com versões, que tente confrontar declarações com documentos, que abra o leque de fontes, que tente tocar ainda que superficialmente aquilo a que damos o nome de verdade. "Nem sempre isso é possível – aliás, quase nunca é –, mas vejo como obrigação seguir tentando. Às vezes, nós conseguimos, e um simples trabalho assim pode bem valer uma vida inteira."

Estratégias, fontes e documentação

Na busca da "verdade jornalística", o repórter desenvolve técnicas e estratégias que vão ajudá-lo no processo de investigação, denominadas por alguns teóricos, como Montserrat Quesada (1987, p. 84), de "metodologia de trabalho". Para a pesquisadora, o jornalismo investigativo não se diferencia do jornalismo de atualidade pelo formato do texto ou pela apresentação gráfica da reportagem, mas pelo processo de trabalho do profissional, pelas estratégias que ele utiliza na fase da apuração. Para Quesada, esse é o diferencial mais importante entre dois gêneros jornalísticos bastante parecidos, a reportagem investigativa e a reportagem em profundidade (ou interpretativa).

Embora ambas ampliem a compreensão do leitor sobre um fato, contextualizando-o, enfocando seus antecedentes e as conseqüências que traz à sociedade, o processo de trabalho do profissional investigativo é peculiar. O simples fato de um texto jornalístico conter cifras, estatísticas, porcentagens econômicas, documentação e declarações não o define como jornalismo investigativo, já que todas essas informações podem ter sido obtidas de uma fonte oficial, extraída de documentação ou entregue em forma de *press-release*. "Só no momento em que o repórter passa a utilizar técnicas e estratégias que não fazem parte das rotinas dos trabalhos jornalísticos de atualidade a reportagem se transforma em reportagem investigativa." Essas palavras vêm ao encontro da definição de jornalismo investigativo criada pelo repórter Antonio Carlos Fon: "Jornalismo investigativo é uma técnica, que se pode aplicar em qualquer matéria, seja ela de esporte, de polícia ou de economia".

Outro diferencial entre o jornalismo investigativo e o de atualidade encontra-se no objetivo específico da primeira categoria, que não se limita a informar o factual, mas visa esmiuçar os acontecimentos e denunciar situações que prejudicam a sociedade, em busca da "verdade jornalística", levando o profissional a lançar mão de estratégias que os jornalistas de atualidade não costumam empregar. Entre os objetivos, de acordo com Quesada, estão: averiguar como operam as instituições públicas que afetam a vida dos cidadãos; mostrar como funcionam os mecanismos burocráticos do sistema, que o cidadão comum não tem como desvendar num mundo cada vez mais complexo e burocratizado, e como se produzem os fatos que o afetam diretamente.

Para cumprir esses objetivos, os profissionais têm de desenvolver estratégias específicas e às vezes nada ortodoxas. De acordo com os relatos dos jornalistas, uma das estratégias mais comuns nas rotinas de trabalho do repórter investigativo é o uso da infiltração do profissional no centro dos acontecimentos. O recurso leva o repórter a omitir, durante certo período, sua identidade e seus objetivos para conseguir apurar os fatos. O repórter Rubens Valente conta que, ao apurar as informações para uma reportagem sobre compra de votos, foi obrigado a usar essa estratégia.

Ele sabia, por testemunho de cidadãos do Mato Grosso do Sul, que, durante a eleição para governador, o candidato José Orcírio dos Santos, o Zeca do PT, estava comprando votos em troca de cestas básicas, fato difícil de provar, pois não possuía documentação. Até que um amigo de juventude — Rubens é do Mato Grosso do Sul — lhe revelou que haveria um encontro sigiloso num bairro da cidade entre pessoas ligadas àquele partido e miseráveis da região, para que se firmasse a troca de votos por cestas básicas. Valente não teve dúvidas: colocou um calção, chinelos e uma camiseta e foi ao encontro como eleitor. "Ninguém me cobrou documentos, e se isso ocorresse, com certeza, mostraria minha identificação profissional. Mas, como isso não aconteceu, pude presenciar e gravar a reunião. Tal estratégia é necessária quando não existe prova documental."

A reportagem, publicada na *Folha de S.Paulo* em 20 de outubro de 2002, conseguiu o efeito esperado por Valente, pois horas depois de o jornal ser distribuído no estado do Mato Grosso do Sul, num domingo, o coordenador estadual do programa de cestas básicas foi exonerado do cargo por determinação do governador, e uma funcionária, também enfocada na reportagem, afastada das suas funções. "Mas, meses depois, ambos retornaram ao governo, em outras funções, numa prática comum do governador Zeca do PT, que espera os escândalos esfriarem para deixar tudo como estava anteriormente", conta o repórter.

Rubens Valente observa que no Código de Ética dos Jornalistas, votado em 1987 em congresso nacional dos profissionais de imprensa, não há nada que proíba o uso do recurso da infiltração pelo repórter investigativo. Por isso, sua resposta às dúvidas éticas colocadas sobre essa técnica está diretamente ligada ao uso que o profissional faz da informação colhida por meio dessa técnica. "O mais importante é que o material coletado durante a infiltração não seja o ponto final da reportagem. Antes da publicação, os dados devem ser corroborados com outras fontes e por outros meios."

O repórter Fernando Rodrigues também utilizou uma variante dessa estratégia quando tentava provar que o governo Fernando Henrique Cardoso estava pagando a deputados para votarem a favor da emenda da reeleição. Nesse caso, o repórter convenceu "uma fonte de informação", contrária à tática do governo, a gravar as negociações, fazendo na prática o papel de "repórter infiltrado". Segundo Rodrigues, entre outubro e dezembro de 1996, era fato corrente no Congresso que o governo Fernando Henrique Cardoso estava comprando, em dinheiro, alguns deputados para votarem a favor da emenda da reeleição. Muitos jornalistas de Brasília sabiam disso e todos tentavam encontrar provas. "Eu me recordo de ter conversado com vários políticos que relataram propostas que teriam recebido para venderem seus votos. Propus a várias dessas pessoas contrárias a essa prática, por convicção pessoal ou por uma questão política, que gravassem um ministro ou integrante do governo no momento em que ouvissem a proposta."

Após inúmeras tentativas infrutíferas, vários encontros, entrevistas, almoços, jantares e conversas ao telefone, uma dessas pessoas aceitou a incumbência, "na condição de não ter o seu nome revelado". Consultada, a direção do jornal considerou ser legítimo o pedido da fonte. "Eu disse à fonte que nunca deveria forçar alguém a dizer alguma coisa e que o material só teria alguma serventia no caso de serem conversas casuais gravadas por ela. Foi o que aconteceu ao longo de alguns meses."

Em 13 de maio de 1997, a *Folha* publicou a reportagem, e, segundo Rodrigues, todos os preceitos éticos foram respeitados.

"O repórter (o próprio Rodrigues) nunca se infiltrou ou mentiu sobre sua identidade. A fonte (a pessoa que fazia a gravação) sabia o tempo todo o que estava fazendo e, por não ser jornalista, estava desobrigada a dizer aos seus interlocutores que estava gravando. Note que foram todas conversas pessoais, não telefônicas, não houve grampo de qualquer ordem." O repórter lembra ainda que, no Brasil, o Supremo Tribunal Federal considera legítimo que uma pessoa grave sua própria conversa, sem avisar aos seus interlocutores. O produto dessa gravação pode até ser usado em processos criminais. "É evidente que o jornalista não deve sair por aí gravando todo mundo, sem dizer o que está fazendo, mas no caso da compra de votos a favor da emenda da reeleição foi uma fonte que fez as gravações de livre e espontânea vontade." Todo o processo foi supervisionado pelo veículo, para garantir que tudo seria legítimo. A *Folha* exigiu, por exemplo, "que as fitas das gravações fossem entregues sem serem manipuladas".

Outra estratégia utilizada por muitos profissionais da área e que causa controvérsia quanto à questão ética é o uso de grampos e câmeras ocultas. Com relação a essa estratégia, os jornalistas investigativos brasileiros ouvidos colocaram-se radicalmente contra. Percival de Souza, por exemplo, considera o mecanismo formalmente ilegal e questionável sob todos os aspectos, quer jurídicos, quer éticos. "Gravar uma informação à revelia da pessoa que está conversando com você informalmente, na base da confiança, na minha opinião é antiético, não é assim que se procede. Eu pessoalmente não uso nem gravador durante as entrevistas, pois acho que o aparelho inibe o entrevistado". Por outro lado, afirma: "Não gostaria de conversar com alguém informalmente e depois ter minhas opiniões publicadas. Na verdade, acho tudo isso triste porque você lança uma pecha sobre toda a classe jornalística, segundo a qual confiar em jornalista é perigoso. É inaceitável para a nossa classe".

Outro jornalista que se posiciona radicalmente contra o uso de grampos é Antonio Carlos Fon: "Eu tenho o mais profundo desprezo pelo uso de grampos telefônicos. Na minha opinião, não é método para ser usado por jornalista, é coisa de araponga, agente secreto, dedo-duro. Nunca usei câmera escondida ou gravador". Entretanto, confessa que já roubou muito documento em mesa de autoridade, como quando produzia a reportagem intitulada "Descendo aos porões" (*Veja análise e cópia da reportagem no Capítulo 5*), publicada na revista *Veja*, em fevereiro de 1979, que mostra a prática da tortura no Brasil.

Fon explica que entrevistava um militar em alto posto no escalão do governo, contrário à prática da tortura, quando o entrevistado mencionou a existência de documentos que comprovavam o fato. "Ele explicou que não poderia fornecê-los, mostrou-os para mim, contou que tinha duas cópias, que estavam sobre a mesa. Em seguida, do nada, pediu licença para tomar um café e saiu da sala por um bom tempo. Entendi que aquilo era uma dica para eu pegar os documentos, já que, oficialmente, ele não poderia dá-los a mim. Dentro de minha visão de jornalismo investigativo essa estratégia faz parte do jogo. Não vejo nada de imoral nisso, ao contrário do uso do grampo."

O repórter Rubens Valente considera criminoso o uso de grampos para se produzir material jornalístico, mas afirma que, muitas vezes, esses grampos são feitos por terceiros e acabam vazando para a imprensa, "o que é totalmente diferente". Quanto à gravação escondida, Rubens diz que é preciso saber se o repórter participou da conversa gravada, pois, "como há jurisprudência no Supremo Tribunal Federal que autoriza o jornalista a gravar sua própria conversa sem prévia autorização da pessoa, essa atitude é uma autodefesa para quando autoridades vêm a público dizer que nunca disseram o que foi publicado". Para o repórter, também não existe falsidade ideológica no caso de o profissional não se apresentar como jornalista, pois "o crime de falsidade exige que o meio utilizado seja ilícito e que a pessoa obtenha lucros com a ação".

Embora os jornalistas ouvidos em depoimento se coloquem contra o uso de grampos na prática jornalística, Alberto Dines tem mostrado, em seu site *Observatório da Imprensa*, que o uso do grampo virou rotina na imprensa, principalmente na eletrônica. "A fita gravada converteu-se em sinônimo de verdade; isto é, qualquer coisa gravada que o motoqueiro deixa na portaria de uma redação ganha foros de legitimidade instantânea e torna-se mais importante do que uma pista para a investigação." Observa, ainda, que o conceito de bom jornalista, hoje, está relacionado com aquele profissional que é obrigatoriamente araponga. "Não o pássaro-ferreiro, cujo canto lembra o monótono bater da bigorna, mas o espia, o agente provocador, o informante." Dessa maneira, o que se quer nas redações são os "fiteiros", terminologia que define como "gente capaz de armar, produzir, reproduzir, receptar, gravar, gravar e desgravar fitas contendo conversas capazes de abalar os alicerces da república. Profissionais com conexões no submundo dos grampos (verdadeiros ou forjados), capazes de transcrever a íntegra da gravação e, rapidamente, vazá-la para opinionistas e políticos".

Ao lado do "fiteiro", outro personagem importante nas redações de hoje é o "foneticista", diz Dines. "Antigamente, designava o especialista em fonética, ciência da voz. Hoje deveria chamar-se fonetiqueiro, pois é o companheiro do fiteiro e do fofoqueiro: identifica e autentica interlocutores, recupera sons inaudíveis, é capaz de 'reenrolar' uma fita que um ilustre membro do Ministério Público pisoteou, chamuscou ou mesmo engoliu depois de repreendido por seus pares."

Outra questão crucial enfrentada pelos profissionais durante as rotinas diárias no processo de apuração das informações é a relação entre repórteres e fontes, pois não se pode esquecer que o repórter investigativo aborda, na maioria das vezes, temas cuja informação é de difícil acesso, e quem as detém quer deixá-las fora do alcance do grande público. Com base nas rotinas de trabalho dos repórteres investigativos, pode-se concluir que, se cada reportagem investigativa é única e necessita de técnicas e metodologia próprias durante uma apuração, cada repórter também é único, na sua forma de avaliar e se relacionar com suas fontes.

O repórter Percival de Souza, por exemplo, acredita que a relação repórter *versus* fonte de informação tem sido mal enfocada ou distorcida. Primeiro, não concorda com os teóricos em jornalismo que colocam como ponto ético para o jornalista investigativo manter um distanciamento de sua fonte de informação. "A impressão que me dá, pelo que tenho lido nos livros, é que há uma espécie de desprezo pela fonte de informação, do tipo: eu sou o autor, você é a fonte. Fique no seu lugar." No entender de Percival, há um equívoco em tal postura, pois nenhum jornalista, no seu dia-a-dia de trabalho, trata a fonte de informação dessa forma. "Eu, como fonte, nunca me sujeitaria a ser tratado dessa maneira. Por que eu vou ficar submetido a essa postura arrogante e autoritária?" Pelo contrário, o repórter acredita que deve haver uma empatia entre repórter e fonte, "o que não quer dizer conivência"; tem de haver confiança, o que "não quer dizer falta de respeito"; tem de haver clareza de objetivos, o que "não significa rumos predeterminados". O que Percival pode detectar em seus quase quarenta anos de profissão é que o convívio com uma fonte de informação numa matéria difícil nem sempre é agradável, até mesmo pelas tensões e revelações, mas o autor nunca poderá se colocar num plano superior à sua fonte.

Em sua vida profissional como repórter policial, Percival segue regras rígidas com relação às suas fontes mais fiéis: nunca esquece datas institucionais marcantes para suas fontes – juízes, promotores, delegados e desembargadores –, além de enviar cartões em datas comemorativas, como Natal, Ano Novo, Páscoa. "Canso de encontrar colegas que se recusam a ir a festividades institucionais, alegando que são maçantes e há muito discurso. Discordo, pois eu vou a todas e sei que, quando preciso delas e as procuro, as fontes me vêem como aquele jornalista que estava presente a um evento muito importante para a categoria." Por isso, vai às festividades, conversa, toma um uísque, uma cerveja. "E tem mais: acho que é preciso ser muito estúpido, humana e profissionalmente, para se recusar a participar desses eventos. E, claro, extremamente arrogante. A agenda com os telefones das fontes é o patrimônio do profissional e a fonte não pode ser tratada com distanciamento."

Essa atitude já rendeu muitos furos para o repórter Percival de Souza ao longo de sua carreira, como reconstituir a morte do delegado Sérgio Paranhos Fleury, no livro-reportagem *A autópsia do medo*. Isso só foi possível porque o então chefe da Polícia Civil de São Paulo, o delegado Celso Teles, que tinha proibido a autópsia do corpo do delegado, colocou nas mãos do repórter, literalmente, o inquérito da morte de Fleury, após ter sido convencido, pelo repórter, da importância desse fato para a reconstrução de um período da história do Brasil. O objetivo do livro-reportagem, segundo Percival, era mostrar o porquê da decisão de Celso Teles da proibição da autópsia. Mas o que mais surpreendeu Percival – e surpreende até hoje quando relembra o episódio – foi o motivo que levou o antigo chefe da Polícia de São Paulo a tomar a decisão de lhe entregar o documento. "Ao me dar o inquérito, ele disse que eu havia feito uma coisa que nenhum jornalista até então fizera: eu havia ido ao enterro da mãe dele. Eu nunca contei isso para ninguém, mas acho importante que as futuras gerações de jornalistas saibam que fonte de informação merece o mesmo respeito que nós merecemos. Veja bem, ele era uma fonte de informação importante, suas informações me renderam matérias importantes. Eu fico sabendo que sua mãe morreu e não dou a mínima! Qualquer pessoa educada faria o que eu fiz."

Percival acredita que esse tipo de atitude em nenhum momento compromete o jornalista, ou o vincula a qualquer fonte de informação. "Não é possível fazer jornalismo investigativo de outro jeito." Entretanto, hoje, uma prática rotineira nas redações é o profissional pegar o telefone ("Aliás, esse aparelho tem sido a desgraça do jornalismo, porque todo mundo só faz matéria por telefone."), identificar-se, fazer sua pergunta, esperar a resposta da fonte, agradecer e bater o telefone. "Depois, esses jornalistas querem ser tratados com respeito." Percival chama a atenção, também, para a importância que têm os funcionários de segundo e terceiro escalões para um jornalista.

"São fontes de informação preciosas, que, às vezes, por arrogância, o repórter não dá importância. Por isso, trato a todos bem, do funcionário da portaria aos ascensoristas, que, aliás, ouvem muita coisa, em uma empresa ou mesmo num edifício público, pois ninguém presta atenção a eles. Por incrível que pareça, conversas importantes, às vezes, são travadas nos elevadores. Os ascensoristas vão ouvindo fragmentos daqui e dali, e ao juntar tudo têm muita informação a passar para o repórter. São dicas, que, às vezes, podem se transformar em boas matérias. Mas não só por isso, faço a maior festa para os mais humildes, mas porque todos merecem ser notados e tratados de forma civilizada, o que muitos colegas esquecem, quando entram numa empresa privada, num prédio público. Jornalista não é Deus para se sentir superior aos outros."

O pesquisador Gaye Tuchman (1983, p. 105) diz exatamente o mesmo que Percival ao chamar a atenção para a importância de funcionários que, embora ocupem cargos menos importantes, não são, por isso, fontes descartáveis: "Algumas pessoas estão em posição estratégica dentro das empresas e suas informações são importantíssimas. Além disso, são fontes muito mais acessíveis do que um diretor-geral, e seus dados, dependendo do cargo que ocupam, são tão substanciais quanto os vindos da direção de uma empresa".

Outro ponto crucial do jornalismo investigativo está no uso de fontes anônimas, que passam informações via telefone ou cartas, ou no emprego de fontes que, embora sejam conhecidas do repórter, pedem que seu nome não seja citado na reportagem. O tema tem rendido muita discussão entre jornalistas e teóricos do jornalismo. Percival, por exemplo, diz que nunca as teve. "Você pode manter uma fonte no anonimato, que é a fonte chamada no Brasil de *off the record*, que o repórter conhece e, para não prejudicá-la, seu nome não é citado na reportagem." Na sua opinião, é preciso, para se usar uma fonte em *off*, estar seguro quanto à veracidade das informações. "Se você publica uma informação forte que vai dar nova dimensão a um fato e isso, depois, não se comprovar, a pessoa poderá acionar o repórter, pois ele é o responsável legal pelo que publica."

Percival criou sua própria classificação de fontes e as cataloga em três tipos. "No tipo 1, eu confio totalmente em suas informações, porque sei que são pessoas corretas, honestas e de quem já recebi informações fidedignas; o tipo 2 dá informação correta, mas tem sempre um interesse, mesmo que pequeno, ao passar as informações e eu preciso checar isso muito bem; o tipo 3 costuma ser correto na origem, mas depois toma outros rumos. É uma fonte que tem interesses por trás."

Para o repórter Antonio Carlos Fon, "fonte de informação é sagrada. O jornalista vai para a cadeia, mas não entrega a sua fonte de informação". No entanto, acredita que "da relação de confiança que se estabelece entre o jornalista e sua fonte é que surgem as grandes matérias investigativas, pois é preciso que ela tenha a absoluta certeza de que acordos serão cumpridos para passar as informações para o repórter".

Fon tornou-se amigo de muitas fontes de informação ao longo de seus quase quarenta anos de carreira, mas reconhece que há casos em que o jornalista deve estabelecer claramente os limites. "Aí, como em tudo na vida, o que vale é o bom senso." Mas não acredita que ter "uma relação amigável com a fonte de informação queira dizer que o repórter esteja sonegando informações ou tenha se vinculado ao informante". Acredita, também, que preservar as fontes *off the record* é uma questão de honra para o repórter, pois, muitas vezes, citar o nome de uma fonte é decretar sua sentença de morte. Entretanto, o tipo de fonte que nunca usou é a fonte anônima, e explica: "Sou de uma geração, de um momento da história desse país, em que se odiava dedo-duro. Então, para mim, denúncia anônima só pode partir de uma pessoa desclassificada que não merece ser ouvida".

Já o repórter Fernando Rodrigues defende uma posição que define como "profissional" entre a fonte e o jornalista. "É muito importante dizer para a fonte, logo de cara, que é uma entrevista. Anotar tudo. Estabelecer os limites de proximidade." Nas relações com suas fontes de informação, Fernando gosta de seguir um ditado italiano que diz "pactos claros, amizades longas". O repórter trabalha na sucursal de Brasília do jornal *Folha de S.Paulo* desde 1996, e em todos esses anos garante: "Não fiz amigos entre meus entrevistados".

Quanto às fontes anônimas, Fernando Rodrigues só as usa em casos extremos, quando uma investigação especial exige que essa fonte seja levada em conta. Com relação às fontes *off the record*, ele acredita que há muita confusão sobre essa terminologia no Brasil, já que copiamos o nosso modelo do jornalismo praticado nos Estados Unidos. "Por conta dessa importação, vieram juntos alguns jargões, que são usados erradamente em português." No país de origem, "a informação *off the record* é aquela recebida fora dos registros e não deve ser, portanto, usada. É apenas uma informação do repórter, não deve estar em nenhum texto, mesmo que não seja atribuída a ninguém. Esse é o sentido da expressão em inglês".

Na prática, os jornalistas brasileiros costumam dizer algo como "diz para mim em *off* e, se a fonte aceita, fica mais ou menos subentendido que o jornalista vai usar a informação no texto sem mencionar a fonte; e aí está uma fonte inesgotável de problemas". Já em inglês existe a expressão *not for attribution*, quando se trata de uma informação para não ser atribuída a ninguém – usada quando o jornalista norte-americano ou inglês recebe uma informação de uma fonte que deseja ficar no anonimato. O dado é publicado, mas o leitor fica sem saber de onde veio. Então, explica Rodrigues, como no Brasil não se usa essa expressão e, "como não tivemos a inteligência de inventar termos próprios em português, muito menos de usar as expressões em inglês de forma correta, o mais apropriado é sempre explicar tudo isso às fontes, quantas vezes for necessário". Por isso, sempre pergunta às suas fontes: "O senhor permite que eu publique essa informação sem citar a fonte?" Ou: "O senhor está me passando essa informação e eu posso usá-la sem citar a fonte ou devo apenas guardá-la para mim?"

O repórter Rubens Valente evita usar informações daqueles que não queiram se identificar como fontes de sustentação de uma reportagem, e procura deixar claro aos seus informantes que checará tudo que eles disserem ou mostrarem. "Para mim, entrevistas em que o acusador não diz o nome são eticamente questionáveis e deveriam ser banidas ou usadas apenas quando fossem absolutamente indispensáveis, numa questão de vida ou morte." Além disso, acredita que "acusações genéricas – do tipo 'naquele presídio se compram fugas com facilidade' – ajudam a explicar certo preconceito que advogados e juízes têm contra jornalistas. Para eles, é inacreditável que divulguemos denúncias que dificilmente poderão ser provadas". O repórter acredita que toda informação que venha de uma fonte em *off* ou anônima deve ser checada várias vezes, pois "numa reportagem investigativa pouco vale o que 'diz' uma fonte, mas sim o que 'mostra', o que ela permite comprovar".

Sobre o tema fontes de informação, o repórter Frederico Vasconcelos acredita que o profissional deve manter sua independência, inclusive para avaliar com correção se a pessoa está divulgando uma informação movida pelo interesse público e não por interesses pessoais. "Você precisa ter um descomprometimento total, inclusive a liberdade de investigar a própria fonte que está fornecendo as informações. Isso tem de ficar claro no primeiro encontro."

O jornalista Frederico de Almeida Vasconcelos tem 60 anos, é repórter da *Folha de S.Paulo* e já trabalhou nos jornais *Gazeta Mercantil* e *Jornal do Commercio*, de Recife, e nas revistas *Veja* e *Manchete*. Ao longo de sua carreira, recebeu vários prêmios: Esso de Jornalismo, pela reportagem "O charlatanismo no combate ao câncer", publicada no *Jornal do Commercio* (1969); BNB de Imprensa, pelo suplemento especial publicado pela *Gazeta Mercantil*, intitulado "Nordeste, alternativas para reduzir os desníveis" (1978); Bovespa de Jornalismo, pelas reportagens sobre o caso Cobrasma, *Folha de S.Paulo* (1988); Troféu George White, pela reportagem "Banco do Brasil, um balanço em falso", pela *Folha de S.Paulo* (1989); Fenícia (equipe), pela série de reportagens sobre o tema "Menos governo, menos miséria", pela *Folha de S.Paulo* (1992); Icatu de Jornalismo Econômico, pela reportagem "Lei é branda com infração financeira", pela *Folha de S.Paulo* (1997); Grande Prêmio Ayrton Senna de Jornalismo, pela reportagem "Mapa revela exclusão do lazer na periferia", pela *Folha de S.Paulo* (2002). É autor do livro *Fraude: os bastidores do caso das importações de Israel pelo governo Quércia*, publicado pela editora Scritta em 1994.

Com respeito à fonte anônima, Frederico procede da seguinte forma: não despreza o material, mas age com muita cautela. "Já fiz boas matérias a partir de informação anônima." Certa vez recebeu uma carta anônima, à qual não deu importância, mas a guardou. Seis meses depois, leu uma nota no jornal citando números com relação ao assunto enfocado pelo informante anônimo. "Aí constatei ser verdadeira a denúncia. Muitas vezes, a pessoa tem medo de se expor." Quanto ao uso de grampo ou gravador, o repórter é categórico: "Não gosto e não uso. Acho uma invasão de privacidade."

Os depoimentos dos profissionais com respeito a fontes de informação mostram que é complexa a relação entre fonte e jornalista, o que obriga o repórter a adotar em seu trabalho um escrupuloso rigor científico, confrontando todas as informações com fontes independentes, que tenham interesses distintos e menos parciais do que os próprios envolvidos na investigação. Por sua vez, o jornalista não pode esquecer que é o responsável legal, e não a fonte de informação, pelo material publicado, não podendo alegar, no caso de uma fonte mentir ou se equivocar ao fazer uma declaração, que a responsabilidade é do informante e não sua.

A pesquisadora Montserrat Quesada, que estudou o jornalismo investigativo praticado em seu país, a Espanha, detectou que, quando as fontes têm interesse particular em facilitar determinada informação ao jornalista, "este fato nem sempre visa apenas ao interesse público" (1987, pp. 80-102). Estratégia política, rancores pessoais, vingança e disputas profissionais são algumas das causas que levam alguém a procurar o jornalista para revelar dados que poderão ser transformados em notícia. Por isso, o repórter investigativo tem de trabalhar, sempre, com a possibilidade de a fonte estar mentindo, por alguma razão que ele desconhece. Mesmo porque, de acordo com sua pesquisa, são raras as vezes que uma fonte facilita a informação pelo simples desejo de colaborar com o jornalista no descobrimento da verdade. Conseqüentemente, mais do que o jornalista de atualidade, o repórter investigativo deve ser muito cauteloso com as suas fontes.

As fontes anônimas têm preocupado também jornalistas e editores norte-americanos, que, para se resguardar, estabeleceram regras rígidas que visam garantir independência a seus veículos. O jornal americano *The Washington Post*, por exemplo, desde o Caso Watergate, exige que seus profissionais confrontem os dados obtidos dessa forma com três fontes independentes e especialistas no tema em questão. Essa tendência tem sido implantada em vários meios de comunicação americanos, visando reduzir o número de erros dos jornais e também fazer que o repórter investigativo possa caminhar num terreno seguro durante o processo de apuração.

Os teóricos americanos Kovak e Rosenstiel (2003, p. 141) citam o exemplo do ex-editor executivo do *The New York Times*, Joe Lelyveld, que exigia dos repórteres e editores que se fizessem duas perguntas antes de utilizar uma fonte anônima numa reportagem: quanta informação direta a fonte anônima tem dos fatos e qual o motivo, se houver algum, que levaria a fonte a enganar o repórter, dourando a pílula ou escondendo aspectos importantes que podem alterar a melhor percepção da informação. Só depois de respondidas essas duas perguntas, as informações poderiam ser usadas pelos jornalistas. Kovak e Rosenstiel (2003, p. 141) citam também o exemplo de Deborah Howell, editora dos jornais da empresa Newhouse, em Washington, que criou as seguintes normas para lidar com as fontes anônimas: nunca usar fonte anônima para opinar sobre terceiros e como a primeira declaração numa matéria.

Outro ponto importante do processo, no entender de Quesada, é o estabelecimento, entre repórter e fonte, de um pacto de independência, para que o profissional possa checar as informações que lhe estão sendo passadas. Essa norma tem sido utilizada por Rubens Valente, ao longo de sua carreira, e o repórter já comprovou sua eficiência. Certa vez, ele recebeu de uma fonte que conhecia há anos — e que já lhe havia dado muitas informações seguras — documentos com timbre de um órgão público federal com indícios de irregularidades envolvendo negócios de US$ 70 milhões. Como faz em todas as suas investigações, ele avisou a fonte que checaria a autenticidade dos documentos e descobriu que eles foram fraudados. O repórter foi obrigado a abortar a matéria, sobre a qual pesquisou durante dois anos.

O tema fontes de informação já recebeu dos teóricos várias classificações. Uma delas é a do pesquisador Nilson Lage (2001. pp. 62-71), que as divide em fontes pessoais, institucionais e documentais, que podem ser classificadas em oficiais, oficiosas e independentes; primárias e secundárias; e testemunho e *experts*. As oficiais são mantidas pelo Estado, por instituições, empresas e organizações; já as oficiosas são aquelas ligadas a uma entidade ou indivíduo, que no entanto não estão autorizadas a falar no seu nome (entidade ou pessoa), o que significa que suas declarações não terão valor e poderão ser desmentidas. Já as independentes, a priori, estão desvinculadas de relação de poder ou interesse.

As fontes oficiosas podem ser preciosas ao repórter investigativo, pois expressam geralmente interesses particulares dentro de uma instituição e podem evidenciar manobras que servirão de base para novas investigações. Mas, como não podem falar em nome da instituição ou da pessoa ou pessoas que representam, são protegidas pelo anonimato e suas informações publicadas *off the record*; de acordo com a cultura das redações brasileiras, o repórter poderá publicar o fato, mas sem mencionar sua origem. O jornalismo americano vulgarizou a expressão "fontes independentes", aplicando-as, comumente, quando as fontes são organizações chamadas no Brasil de não-governamentais e, nos Estados Unidos, de sem fins lucrativos.

As fontes primárias, segundo Lage, fornecem ao jornalista as informações essenciais de uma matéria: fatos, versões e números; as fontes secundárias são consultadas para a preparação de uma pauta jornalística – um roteiro para a produção de uma reportagem – ou a construção das premissas genéricas ou contextos ambientais. A fonte informativa que Lage identifica como testemunho é a que, como o próprio termo explica, viveu ou presenciou determinado acontecimento e, por isso, o que diz é contaminado pela emotividade. O testemunho mais confiável é o mais imediato, já que o relato testemunhal se apóia na memória. Quanto aos *experts*, estes são fontes secundárias, que fornecem versões ou interpretações de eventos.

A pesquisadora Quesada (1987, p. 98) criou uma classificação sobre fontes de informação voltada, em especial, para o jornalismo investigativo, que é, na essência, praticamente a mesma de Nilson Lage. Primeiramente, ela estabelece diferenças entre as fontes escritas e orais. Denomina de fonte escrita documentos que contêm informações úteis, que podem ser encontrados em arquivos públicos e privados, como também em livros e textos em geral. Dentro das fontes escritas, Quesada considera também o que chama de textos de livre consulta (toda informação impressa que possa ser útil ao jornalista) e documentação variada (folhetos publicitários, propaganda comercial e até correspondência pessoal, como extrato de banco e contas de luz). As fontes escritas, para a pesquisadora, podem ser valiosas em determinados momentos da investigação, pois muitas vezes é difícil para o jornalista investigativo estabelecer contato amistoso de cooperação.

Fontes orais, para a pesquisadora, são as pessoas que facilitam informações para jornalistas, que ela subclassifica de oficiais (as que informam como ocupantes de cargos públicos) e extra-oficiais ou oficiosas (que informam no seu próprio nome sem assumir a responsabilidade de suas declarações). Essas são as fontes *off the record*, que não fazem declarações como ocupantes de um cargo e não permitem que seu nome seja citado pelo jornalista.

Diante dessa sistematização, cabe ao jornalista investigativo estabelecer suas próprias classificações a partir da prática diária de seu trabalho, já que, na maioria das vezes, suas fontes de informação são confidenciais ou secretas e não podem ser citadas nas matérias.

Há um consenso, entre jornalistas investigativos de quase todos os países do mundo, quanto a manter no anonimato determinadas fontes, justificando tal atitude com o risco que os informantes correm ao terem seus nomes revelados. O anonimato é entendido nestes casos como medida de proteção ao informante contra possíveis represálias, uma vez que a informação que circula entre fonte e jornalista é confidencial, não está ao alcance do público e existem grupos de poder na sociedade tentando mantê-la deliberadamente oculta (Quesada, 1987, p. 98).

Outro ponto crucial no jornalismo investigativo é a documentação, principalmente no caso de se utilizarem fontes anônimas ou *off the record*. Ou seja, é fundamental que o jornalista realize um estudo documental dos antecedentes do fato que está sendo apurado, pois só assim terá em mãos todos os passos do problema, o que o ajudará a traçar sua estratégia quanto ao processo de apuração sob todos os ângulos. Somente conhecendo a totalidade da história, o jornalista poderá ter a idéia perfeita sobre as implicações do fato e como agir sobre ele.

Na opinião de Percival de Souza, entretanto, nem todas as matérias exigem documentação apurada. Ao escrever a biografia do delegado Fleury, o jornalista ouviu 117 pessoas e conseguiu a cessão de documentos importantes do período da ditadura que estavam em mãos de terceiros, como cópias da Doutrina de Segurança Nacional – que serviu de base para a cúpula do Exército, na tomada do poder em 1964 –, além de manuais de contra-informação, espionagem e repressão política e do boletim de ocorrência que reconstituía a morte do delegado Fleury. Mas em outros casos apenas a história oral também é igualmente importante. "É preciso sempre valorizar e resgatar a história oral, pois há episódios que não estão documentados e existem apenas nas recordações das pessoas."

O jornalista Fernando Rodrigues atribui um papel muito importante à documentação no Brasil, "principalmente por ser um país com tradição latina/católica/ibérica". "Aqui, é necessário estar tudo comprovado, rotulado, carimbado e com documentação reconhecida em cartório. É algo diferente da cultura dos povos anglo-saxões e protestantes, onde a palavra vale muito. Aqui, fazer algum tipo de reportagem apenas com declarações é quase impossível." Rodrigues lamenta o fato de o Brasil não ter lei de acesso à documentação pública, como nos Estados Unidos. "A situação é desalentadora e foi piorada por FHC, que baixou o Decreto Presidencial n. 4.553 quatro dias antes de deixar o Palácio do Planalto, em dezembro de 2002, regulamentando a Lei de Arquivos, n. 8.159/91, que cria a figura do 'sigilo eterno.'"

De acordo com a Lei de Arquivos, o prazo máximo de restrição a "documentos sigilosos referentes à segurança da sociedade e do Estado foi fixado em 60 anos". Entretanto, o Decreto n. 4.553, editado por Fernando Henrique Cardoso, amplia os limites de todas as categorias (reservado, confidencial, secreto e ultra-secreto), criando o prazo de cinqüenta anos prorrogáveis até a eternidade. O presidente Luiz Inácio Lula da Silva, ao suceder Fernando Henrique Cardoso, apesar de apelos em contrário de várias instituições arquivistas e também do Conselho Nacional de Arquivos, manteve o decreto que "dificulta o conhecimento pleno da história do país", nas palavras de Mário Magalhães (*Folha de S.Paulo*, São Paulo, 20/4/2003, p. A10). Além disso, documentos secretos sobre o golpe militar de 1964, mesmo com o prazo máximo prorrogado, poderiam ser liberados em 2004. Agora podem ser escondidos até 2024.

O jornalista Rubens Valente também acredita que o repórter investigativo não deve ir sem documentos para uma entrevista, pois corre o risco de ser despistado pelo entrevistado. Por isso, precisa dominar completamente o tema e, se possível, confrontar o entrevistado com os dados e documentos. "Nessa fase, não se deve esconder nada do entrevistado; deve-se abrir o jogo, até para que a pessoa possa se defender ou apresentar seu ponto de vista convenientemente."

O procedimento de Rubens Valente mostra que o levantamento documental em torno do tema que está sendo investigado é uma das etapas mais importantes do processo de construção de uma reportagem investigativa. Tornar públicos fatos que grupos desejam esconder da sociedade exige necessariamente do repórter um conhecimento profundo sobre eles, que só um trabalho documental exaustivo e preciso poderá fornecer. Essa fase deve começar no início do trabalho investigativo, quando ainda se está elaborando uma pauta. Em primeiro lugar, porque o repórter já poderá esboçar um estudo da viabilidade da investigação sobre determinado tema e, em segundo, para conhecer com exatidão, durante a elaboração da pauta, as deficiências de documentação que poderão prejudicar seu trabalho.

Por outro lado, o jornalista não pode denunciar uma situação só porque ela lhe parece corrupta ou incorreta, ou porque alguma fonte de informação lhe tenha sugerido. É sua obrigação ter em mãos provas documentais e toda informação pertinente ao tema. Enfim, mesmo que momentaneamente, o jornalista deve se converter em um *expert* no assunto que irá reportar – ou, pelo menos, ter em mãos os fatos essenciais que o levem a compreender exatamente o que está acontecendo.

Um trabalho completo de documentação, antes do início da apuração, permitirá ao repórter avançar com maior segurança pelo escorregadio mundo dos informantes. Com conhecimento profundo sobre o tema, ele poderá, posteriormente, replicar, quando tiver iniciado a investigação, às manipulações que possam vir das futuras fontes de informação. Quesada considera importante revisar a bibliografia sobre o tema para que o jornalista não perca tempo investigando fatos que já foram revelados ao público. Além disso, a pesquisadora também acredita na utilidade de se incluir, na documentação bibliográfica, referência às leis vigentes que regulamentam os fatos que se pretende denunciar, o que permitirá ao jornalista a demonstração mais sólida de que tais fatos são realmente dignos de ser denunciados.

A construção de perfis psicológicos dos principais envolvidos é outro aspecto importante no processo de documentação, permitindo ao jornalista compreender melhor a situação e ajudando-o a desvendar as múltiplas conexões com o tema investigado. É um trabalho para muitas horas que obriga o profissional a ser paciente e a ir se familiarizando com o tema. Além da segurança que documentos pertinentes dão ao repórter ao prosseguir na sua investigação, a documentação dará, também, credibilidade à reportagem.

As questões éticas

O jornalismo investigativo, por sua especificidade – desvendar um fato que grupos de poder querem manter oculto da sociedade –, pelas relações que se travam entre os profissionais e suas fontes e, também, pelas estratégias que permeiam a ação do jornalista, tem nas questões éticas que balizam o processo de apuração de informações um capítulo da maior importância. Pela complexidade do tema e pelo fato de as questões não serem o objeto de estudo deste trabalho, serão enfocadas apenas as questões éticas previstas pelo Código de Ética dos Jornalistas, que é integrado por 27 artigos – dos quais serão revistos os que mais, pela natureza do trabalho investigativo, tendem a se chocar com as técnicas e estratégias utilizadas pelos repórteres investigativos nas suas rotinas produtivas, principalmente na fase da apuração de informações e levantamento documental.

O Código de Ética dos Jornalistas, em vigor desde 1987, fixa normas às quais deverá subordinar-se a atuação do profissional, nas suas relações com a comunidade, com as fontes de informação e entre jornalistas. Na seção que focaliza a conduta profissional do jornalista, o código determina, no artigo sétimo, que "o compromisso fundamental do jornalista é com a verdade dos fatos, e seu trabalho se pauta pela precisa apuração dos acontecimentos e sua correta divulgação"; o artigo oitavo determina que, "sempre que considerar correto e necessário, o jornalista resguardará a origem e identidade de suas fontes de informação". Esses artigos são da maior importância para o repórter investigativo, obrigado, muitas vezes, visando à segurança da fonte, a publicar informações sem citar a origem. Eles lhe dão a certeza de se pautarem por princípios éticos ao não divulgarem o nome de sua fonte.

Os deveres dos jornalistas estão insertos no artigo nono do Código de Ética, que determina, entre outros itens, que deverão estar presentes nas ações jornalísticas: o item F, "combater e denunciar todas as formas de corrupção, em especial quando exercida com o objetivo de controlar a informação"; e o G: "respeitar o direito à privacidade do cidadão". No caso do repórter investigativo, ao cumprir a determinação de "combater e denunciar todas as formas de corrupção", é obrigado, muitas vezes, a infringir o item G, com relação ao "direito à privacidade do cidadão". Os repórteres entrevistados concordam que o cidadão tem direito à privacidade, mas em casos específicos são obrigados a lançar mão de técnicas que esbarram na lei, como no caso do repórter Fernando Rodrigues, que utilizou gravações feitas por terceiros para provar a venda de votos na reeleição de Fernando Henrique Cardoso; ou no de Rubens Valente, que lançou mão da técnica da infiltração para comprovar a venda de votos do candidato Zeca do PT.

Pode-se alegar, também, que esses métodos foram utilizados para que os profissionais pudessem cumprir a seguinte determinação do Código de Ética dos Jornalistas: "Combater e denunciar todas as formas de corrupção, em especial quando exercida com o objetivo de controlar a informação". Como afirma Lage, essas são questões éticas que "dão margem a muita retórica e a poucas certezas". E é por isso que diante de casos como esses o autor propõe que se relativizem os próprios códigos de ética, alegando que a ética tem um conteúdo instável e complexo e não pode ser integralmente generalizada em mandamentos.

Ainda dentro desse item, Lage cita o caso do uso de câmera oculta pela equipe do programa *Prime Time Live,* da rede americana ABC, em 1993, para fazer a reportagem-denúncia sobre o reempacotamento de carne com prazo de validade vencida para revenda nos supermercados da rede Food Lion. Para obter a matéria, produtores do programa empregaram-se como processadores de alimentos, com recomendações forjadas, e utilizaram câmeras e gravadores ocultos. Na ação judicial, na qual pediu uma indenização de 2,5 milhões de dólares – elevada para 5,5 milhões na sentença condenatória de primeira instância, em Greensboro, Carolina do Norte –, o supermercado em nenhum momento negou o crime. Simplesmente acusou a reportagem de crimes de processo – falsa identidade, abuso de confiança – e de parcialidade (ao não incluir na matéria depoimentos favoráveis de funcionários ou procedimentos legítimos que, ao lado dos ilegítimos, estariam sendo adotados no setor de empacotamento). Argumentava que o mesmo resultado poderia ser obtido pelos repórteres se levassem a carne suspeita a um laboratório para exame bacteriológico. A isso os advogados da ABC responderam que perícias técnicas são sempre contestáveis judicialmente e é praticamente impossível que conduzam a uma certeza tal como a que se teve quando os repórteres acompanharam todas as etapas do procedimento ilegal.

Refletindo sobre o caso, Lage coloca as seguintes perguntas: pode um supermercado vender carne estragada e ainda ser indenizado quando se prova o fato? Pode um jornalista fingir que é o que não é, instrumentalizar denúncias do sindicato dos empregados na indústria de alimentos (que ajudou a montar a farsa), gravar imagens não autorizadas e editar tudo isso de maneira contundente, eliminando argumentos a favor da empresa criminosa cujo crime as imagens provavam?

Pode-se levantar, ainda, dentro da análise das balizas éticas que norteiam os profissionais, o quão importante é para o repórter investigativo, no processo de construção de uma reportagem, a fase do estudo de viabilidade de um tema. Fica claro, também, que para o repórter iniciar uma apuração em que precise lançar mão de estratégias que dêem margem a controvérsias legais é preciso que haja consenso entre repórteres e empresas de comunicação quanto aos ricos que ambos correm em situações como essas. É por isso, também, que repórteres experientes como os que depuseram nesta pesquisa dão a essa fase uma importância maior, nunca agindo por conta própria, mas sempre com o aval da empresa.

Na terceira parte, o Código de Ética dos Jornalistas trata da responsabilidade profissional do jornalista, que tem no artigo 11º outro ponto-chave para o repórter investigativo: "O jornalista é responsável por toda a informação que divulga, desde que seu trabalho não tenha sido alterado por terceiros". Esse artigo explica a preocupação que os profissionais têm ao utilizar informações oriundas de fontes anônimas ou fontes que, embora conhecidas dos jornalistas, não autorizem a citação de seus nomes nas reportagens. É com base nesse artigo que repórteres das gerações mais velhas, como Percival de Souza e Antonio Carlos Fon, criam seus sistemas de avaliação das fontes.

Em sua análise do tema, Lage propõe que a relação com as fontes seja cordial e correta, pois "trata-se inegavelmente de uma troca, mas o que deve ser trocado é sempre informação, nada mais. O repórter não se transformará em agente da fonte nem o contrário. O direito fundamental da fonte é o de ter mantido o conteúdo (e não a forma) do que revela, o que significa não apenas o respeito ao valor semântico do que é informado, mas também às inferências que resultam da comparação entre o que foi informado e o conteúdo da informação". As fontes não devem, no entanto, negar que tenham dito o que efetivamente disseram ou impedir que uma informação prestada seja confrontada com outras, de qualquer origem, desmentida pelos fatos ou considerada em contextos de conflito. "Caso contrário, não haveria mais jornalismo, e sim, apenas, sistemas de difusão sem qualquer possibilidade crítica."

Outro ponto de interesse maior para os jornalistas investigativos, está no item A do artigo 10º, segundo o qual o jornalista não pode "exercer cobertura jornalística pelo órgão em que trabalha, em instituições públicas e privadas, onde seja funcionário, assessor ou empregado". O código é claro, embora esse se constitua num dos pontos éticos mais infringidos pelos profissionais de imprensa, ainda hoje, especialmente fora do eixo Rio–São Paulo.

Independência e conteúdo

Ao se tentar conceituar o jornalismo investigativo, não se pode deixar de lado a questão da independência informativa, já que se torna impossível a prática desse gênero jornalístico fora de um contexto de liberdade. No desempenho de seu papel, o jornalista investigativo necessita estar liberado de todo tipo de compromisso, que em determinada fase da apuração poderá comprometer ou limitar seu trabalho. A independência do jornalista é uma das condições que podem garantir o sucesso de uma reportagem investigativa.

Entre os vários tipos de independência, o jornalista Percival de Souza cita a política como uma das fundamentais. "Ter objetivo político, ser ligado a um partido, não se harmoniza com a função social do jornalista. Aliás, misturar jornalismo com bandeirola de partido não tem sentido. Agitou bandeirola política, matou o jornalismo." Percival argumenta que todo jornalista, claro, tem suas idéias políticas, mas transformar isso num "totem, acima do exercício da profissão, é *merchandising*". Em suas duas últimas reportagens investigativas publicadas em livro, o repórter sofreu pressões das alas mais à esquerda da classe jornalística. Primeiro, por ter mostrado na biografia do delegado Fleury o personagem em todas as suas dimensões e, principalmente, por ter documentado o seu romance com a irmã do pai da imprensa alternativa, Raimundo Rodrigues Pereira. "Muita gente alegou que eu não precisava contar isso. Ou seja, queriam, por motivos político-partidários, que eu omitisse esse fato da vida do personagem. Isso vai contra os princípios jornalísticos, com relação à exatidão das informações. Eu prefiro estar tranqüilo com a minha consciência e saber que desempenho minha função social com honestidade e não para agradar grupos."

As palavras de Quesada vêm corroborar a visão de Percival, já que a espanhola, ao citar os vários tipos de independência que o jornalista investigativo deve ter, coloca a independência política como uma das principais. "Qualquer tipo de militância política, mesmo como simpatizante de determinado partido, limitará o trabalho do profissional, quando, por exemplo, este tiver de abordar uma investigação onde apareçam pessoas implicadas que pertençam à mesma linha de pensamento." Nessa independência, encontra-se, na visão da pesquisadora, a imparcialidade do profissional.

Outro fator que cerceia a liberdade profissional, na visão da autora – e como está previsto no Código de Ética dos Jornalistas brasileiros –, é trabalhar ao mesmo tempo no setor público e na empresa de comunicação privada, o que inevitavelmente limita a independência informativa. Hoje, esse fato não é tão comum como nos anos 1970 e 1980, quando jornalistas da grande imprensa nacional tinham um segundo emprego nas assessorias de comunicação social dos órgãos públicos, como secretarias e ministérios. Entretanto, situações como essas estão longe de ter desaparecido do território nacional, como conta o repórter investigativo Rubens Valente. Ele trabalhou nos dois principais jornais do Mato Grosso do Sul e passou por situações constrangedoras. Num deles teve três matérias prontas, editadas, censuradas num único dia: uma reportagem contra o governo estadual, outra contra a prefeitura e uma terceira contra um deputado. "Havia jornalistas na própria redação que se encarregavam de alertar o governo ou o deputado sobre os passos do repórter, já que trabalhavam para o político."

O duplo emprego era regra e muitos jornalistas assessoravam áreas nas quais exerciam cobertura jornalística, o que é vetado pelo Código de Ética. Rubens denunciou esse fato por escrito, com os nomes dos doze implicados, ao Sindicato dos Jornalistas, mas essa denúncia foi logo arquivada, com aquiescência da Federação Nacional dos Jornalistas (Fenaj). Disseram que faltavam provas, quando "todos os repórteres do Estado do Mato Grosso do Sul sabiam quem assessorava quem. O sindicato nunca ouviu um único jornalista mencionado na minha carta". Além disso, havia ainda censores do governo, que só oficialmente eram assessores de imprensa. "Eles recebiam a informação de que estávamos atrás de algo incômodo e rapidamente procuravam o secretário de Comunicação e o governador, que entravam em contato com os responsáveis pelo jornal e barravam tudo."

Os populares "presentes", que no jargão jornalístico são chamados de jabás ou jabaculês, oferecidos ao jornalista como resultado de sua condição profissional, por empresas e instituições, tendo como motivo datas comemorativas ou qualquer serviço prestado pelo profissional, embora este já receba seu salário para fazer o trabalho, também são fator de cerceamento da atividade jornalística e podem se transformar em falta real de independência. Alguns jornais tratam do problema no seu manual de redação – caso da *Folha de S.Paulo* (2001, p. 116), que explicita que a decisão de aceitar ou não cabe a cada jornalista, embora a empresa recomende a recusa do presente, exceto quando for desprovido de valor material ou de utilidade para o trabalho jornalístico.

Por último, é preciso que as empresas jornalísticas, apesar de terem na publicidade sua principal fonte de renda, não limitem a atuação dos profissionais em relação aos grupos econômicos que alimentam o setor de anúncios. A pesquisadora Quesada propõe um comportamento realista ao repórter diante desse problema, dizendo que o jornalista deve estar consciente de que seu jornal não verá com bons olhos a investigação das atividades de uma empresa comercial que mantenha um grande número de anúncios no periódico em questão. Entretanto, cabe à empresa, também, visar ao interesse público, consciente de que a credibilidade é o valor maior do jornalismo.

Rubens Valente sentiu na pele, há catorze anos, quando trabalhava no Mato Grosso do Sul, o poder da censura no seu trabalho, que recebia monitoramento direto dos poderes públicos, com a aquiescência dos empresários de comunicação desse estado. "Toda a imprensa do Mato Grosso do Sul sofria – e tenho certeza que ainda sofre – um intenso e opressivo monitoramento dos poderes públicos. Sobre certos assuntos e certas pessoas não se escrevia. Era vetada ou dificultada ao máximo a apuração de denúncias contra o governo do Estado, a menos que atingissem algum servidor desavisado de terceiro escalão, um ou outro policial corrupto." Rubens era proibido de questionar projetos ou programas governamentais; a crítica estava banida da mídia. O repórter trabalhou nos dois principais jornais do estado e esse era o padrão de ambos. "Esses fatos me marcaram muito, passei a ter uma aversão quase física a toda forma de censura, seja aquela objetiva e clara, seja aquela exercida por muitos assessores e autoridades, que terminam a entrevista da seguinte forma: olha lá o que você vai escrever, hein!"

Um dos casos que mais marcaram Valente aconteceu em 1994, quando era repórter investigativo do *Diário da Serra*, de Campo Grande. Ao relatar, numa reportagem, que funcionários pagos pela Assembléia Legislativa, na verdade, trabalhavam para um grupo de comunicação privado, o dono desse grupo escreveu um editorial em seu jornal, citando nominalmente o repórter. "Mentira era a palavra menos agressiva." Para se defender, Rubens escreveu um artigo no jornal em que trabalhava, sob o título "As caras da mentira", enumerando oito reportagens de sua autoria que nunca haviam sido publicadas no jornal do empresário, no qual havia trabalhado, porque foram pura e simplesmente censuradas. Foi processado por isso, mas a ação foi arquivada.

Para o diretor de redação da *Folha de S.Paulo*, Otavio Frias Filho, realmente é difícil do ponto de vista empresarial conciliar os interesses comerciais do veículo com o jornalismo investigativo."O jornalismo diário está submetido a pressões, interesses conflitantes como em qualquer processo, o que dificulta a condução de uma investigação que seja criteriosa, meticulosa, cuidadosa. Por outro lado, também é difícil conduzi-la a bom termo, evitando pressões que pessoas poderosas ou entidades eventualmente interessadas no acobertamento daquela investigação possam vir a exercer sobre o jornal." Para ele, o jornalismo é ainda um processo que lembra o contraditório judicial em que as diferentes partes têm de ser ouvidas, seus pontos de vista têm de ser compreendidos, levados em conta e transmitidos ao público leitor. "É um processo bastante complicado e ocorre, infelizmente, sob a égide da pressa, que governa, em última análise, o jornalismo, é uma vicissitude quase que da profissão."

Segundo Frias Filho, por ser um jornal publicado por uma empresa com autonomia econômico-financeira, a *Folha* é bastante imune a pressões ilegítimas ou indevidas que possam visar ao acobertamento de uma investigação ou à não-publicação dos resultados de determinada apuração. De acordo com ele, o jornal prescinde de qualquer tipo de publicidade oficial, de qualquer dos três níveis do governo, de qualquer tipo de ajuda, favor, benefício, prerrogativa que o governo possa oferecer, e não está sujeito a pressões por parte de grupos econômicos. Entre esses grupos, por exemplo, estão os que têm interesse nos anunciantes ou os próprios anunciantes – "porque os anunciantes, na *Folha*, são um elenco bastante pulverizado de agentes".

Frias Filho enfatiza que a *Folha* é um jornal "quase que completamente imune a pressões" que não sejam legítimas. Por pressões não legítimas, o jornalista entende as ameaças e chantagens; por pressão legítima, quando a pessoa reclama, exigindo que seu ponto de vista seja registrado, levado em conta. "A pessoa que recorre ao *ombudsman* manda uma carta para condenar determinada atitude do jornal, eu chamo a sua pressão de legítima, pois as considero, evidentemente, saudáveis e a obrigação do jornal é levá-las em conta." Ele acredita que, dentro do jornalismo investigativo, a autonomia econômico-financeira é essencial. "Se o veículo não tiver independência econômica, ou seja, se o veículo não funcionar do ponto de vista da economia, apenas na dependência das forças de mercado, a investigação não se sustenta. À medida que o jornal se sustenta apenas nas forças do mercado, sua capacidade de vender uma determinada mercadoria, que é a mercadoria jornalística, a mercadoria da informação, ele se torna muito mais imune a pressões indevidas, chantagens, ameaças, troca de favores, coisas desse tipo."

A independência econômica tem sido enfocada pela pesquisadora Montserrat Quesada, que a coloca como uma das condições principais para que o jornalismo investigativo se desenvolva de forma ideal. Segundo sua pesquisa, a maioria dos jornais do mundo carece de independência econômica real que lhes permita "livrar-se de toda trava e compromisso", o que faz que certos grupos econômicos e determinadas áreas da sociedade, incluídas as empresas públicas que distribuem publicidade oficial, estejam fora da "mira inquisitiva" do jornalismo de investigação. Nesses casos, o meio de comunicação deverá reconhecer que não pode prescindir da publicidade de determinadas empresas e, portanto, "não é capaz de levar a cabo um projeto que as enfrente, pois representaria um risco perder algumas fontes de entrada de recursos econômicos" (1987, pp. 80-102).

Quanto ao Brasil, o diretor de redação da *Folha de S.Paulo* acredita que, em relação aos grandes veículos existentes nos maiores centros urbanos, esse problema não existe mais, porque são veículos publicados por empresas com autonomia financeira em quase todos os casos; "mas nas regiões menos desenvolvidas do país, nas cidades médias, nas cidades pequenas, não há como falar em autonomia econômico-financeira de jornais ou veículos de mídia em geral e, nesses casos, eles estão sujeitos à pressão". Na *Folha*, Frias Filho garante que pelo menos de "maneira articulada" nunca houve perda de anúncios devido a reportagens publicadas, mas, "se isso ocorrer, a orientação do jornal será dizer ao grupo econômico que ele tem todo direito de retirar o anúncio que quiser, porque nós procuramos cultivar uma separação muito estanque entre a área editorial, o trabalho da redação, e a área comercial, o trabalho da publicidade, vendas".

Tal separação costuma ser tomada muito "a sério nos jornais de prestígio, e ela é tomada muito a sério na *Folha*". Otavio Frias conta que existe até uma gíria que veio da imprensa americana e foi adotada no Brasil há muitas décadas para designar essa separação. "Fala-se em separação de Igreja e Estado, numa alusão histórica antiga relativa à separação entre Estado e Igreja. Nessa metáfora, a Igreja é a redação e o Estado é a empresa, o lado comercial, a publicidade."

Entretanto, a independência econômica e editorial que o diretor de redação da *Folha* garante que o veículo tem não é regra em nosso país. Por exemplo, o repórter Rubens Valente, ao longo de sua carreira, teve de abortar pautas por falta de suporte econômico de empresas a que estava vinculado: "Em jornais pequenos, viagens são raríssimas e não há estrutura de apoio mínima para gastos com pesquisas em cartórios, por exemplo". Um caso específico o marcou muito: quando trabalhava em um jornal no Mato Grosso do Sul, tentava documentar a utilização de barcos bolivianos e paraguaios na pesca predatória nos rios do Pantanal, que usavam bombas nos rios. Esses peixes contrabandeados para o Paraguai retornavam ao Brasil, legalmente, adquiridos pelas grandes redes de supermercados do Sudeste e do Sul. "Precisávamos documentar a cena e isso demandaria muita paciência e dias passados no rio, mas o jornal não tinha os meios necessários para que fizéssemos a matéria." Na chamada grande imprensa, a situação não é diferente, pois Rubens recorda-se de ter tido matérias abortadas por falta de dinheiro no *Jornal do Brasil*, que vivia grave crise financeira.

O repórter Antonio Carlos Fon lembra-se, também, de ter sofrido pressões, em 1979, para abortar matérias, quando trabalhava em dois jornais de Goiânia, o semanário *Cinco de Março* e o *Diário da Manhã*, que pertenciam a Custódio Batista. Fon ficou sabendo, na região, do desaparecimento dos corpos de um casal que havia sido assassinado por se opor ao regime militar. A única informação que Fon tinha é que os corpos haviam sido enterrados num local próximo a Jataí. Nesse local, o repórter travou conhecimento com um velho político da região, Celso Bastos, que se dispôs a ajudá-lo. Entrevistando antigos moradores, descobriu que corria uma história de que corpos haviam sido enterrados em determinada fazenda. "Falei com a família dona da fazenda, entramos em contato com órgãos ligados aos direitos humanos e decidiu-se que o Ministério da Justiça iria providenciar a procura dos corpos."

Quando tudo estava dando certo, os donos da fazenda se apavoraram e procuraram a polícia do Rio de Janeiro, que, por sua vez, avisou o Serviço Secreto do Exército. "Depois de muita confusão, os corpos foram desenterrados, a matéria saiu, foi um escândalo e eu ganhei o Prêmio Wladimir Herzog com a reportagem. Mas, de repente, o jornal não publicava mais as suítes da matéria. Não saía uma linha. Enfim, descobri, que o dono do jornal estava sendo pago para não publicar mais nada sobre o assunto."

O repórter afirma que levantou documentos provando o envolvimento do proprietário do jornal. Preparou, então, uma matéria e a guardou. O jornal fechou normalmente e, quando não havia mais ninguém na redação, Fon foi à oficina; como editor, pediu para trocar as páginas e publicou, em manchete, que o dono do jornal tomava dinheiro para derrubar matérias. Claro, foi demitido e impedido de entrar na redação. Questionado sobre esse ato, sob uma perspectiva ética, o repórter afirmou que "não praticou ato antiético, pois fez uma denúncia à sociedade local, sobre como era praticado o jornalismo em Goiânia. Os meios justificaram os fins".

Na *Folha de S.Paulo*, de acordo com Otavio Frias Filho, a grande preocupação do veículo é que as reportagens publicadas sejam tão bem apuradas quanto humanamente possível. "Temos evidentemente a preocupação de evitar erros, como também de, uma vez identificado algum erro, corrigi-lo." Segundo ele, duas investigações jornalísticas publicadas pela *Folha* são exemplares. Uma delas foi um furo de reportagem do jornalista Jânio de

Freitas sobre a construção da ferrovia Norte-Sul no governo Sarney. O processo em que se deu a apuração foi inusitado: de acordo com as informações apuradas por Freitas, a *Folha* inseriu na sua edição de 8 de maio de 1987, em meio aos anúncios classificados da página A-15, um texto em código que antecipava o resultado das empresas que venceriam a concorrência pública para a construção dos 18 lotes da ferrovia Norte-Sul. A divulgação do resultado da concorrência, na noite de 12 de maio do mesmo ano, pela empresa estatal encarregada da realização da ferrovia, coincidiu integralmente com o anúncio publicado pela *Folha* e o repórter pôde constatar a fraude. A estratégia de Jânio de Freitas consistiu no seguinte: sob o título "Lotes", foi publicado um pequeno anúncio em que cada um dos 18 lotes estava ligado às iniciais da empresa que sairia vencedora. Quando o resultado saiu, o jornalista provou a fraude e a corrupção naquela concorrência. "O modo de apuração dessa investigação jornalística foi de tal maneira categórico que a publicação resultou praticamente irrespondível." Foi a primeira vez que se recorreu no Brasil a esse tipo de investigação ("Concorrência da Ferrovia Norte-Sul foi uma farsa", *Folha de S.Paulo*, 13/5/1987).

A outra reportagem indicada por Otavio Frias foi a feita pelo repórter Fernando Rodrigues, também resultado de um trabalho de investigação jornalística, mostrando que um deputado reconhecia ter dado seu voto a favor da emenda da reeleição de Fernando Henrique Cardoso em troca de vantagens materiais. Esse também foi um caso de uma apuração bem conduzida.

Segundo Otavio Frias Filho, a *Folha de S.Paulo* nunca se viu obrigada a abortar uma matéria por pressões de algum núcleo de poder, privado ou público: "O aborto de uma matéria se dá apenas quando uma apuração responsável, cuidadosa, mostra que a denúncia é improcedente". Na sua opinião, o problema do jornalismo investigativo é conciliar dois valores igualmente justos e legítimos: de um lado, a necessidade de expor aos olhos da opinião pública o que está sendo feito com os recursos públicos – por exemplo, o que está sendo feito do ponto de vista da violação da legislação, conduzindo a investigação a mostrar irregularidades e provocar, por meio da divulgação dessas irregularidades, que elas sejam sanadas e os responsáveis venham a sofrer punições devidas segundo a lei.

De outro lado, há o valor de proteger não só a reputação das pessoas como também o direito que elas têm de se defender e de ter sua honra protegida contra denúncias que possam se revelar simplesmente caluniosas ou difamatórias. "Então, a conciliação desses dois valores, dois valores igualmente importantes, deve estar o tempo todo na consciência de um profissional que trabalha numa linha investigativa. É, no entanto, uma conciliação sempre muito difícil, sujeita a controvérsias porque não se trata de uma ciência exata."

Para diminuir o risco de investigações mal conduzidas, o veículo utiliza mecanismos específicos: primeiro, procura verificar de onde vem a denúncia. Para avaliar a fonte, ele usa o seguinte raciocínio: "a denúncia que um desafeto faz a um adversário político tem muito menos valor do que a denúncia feita pela polícia, que tem algum valor. A denúncia que é feita pelo Ministério Público tem mais valor do que a denúncia que é feita pela polícia, mas a denúncia que é feita pelo Ministério Público não pode ser tomada como algo necessariamente verdadeiro ou correto, pois o Ministério Público em qualquer processo judicial é parte tanto quanto o advogado de defesa. Então depende muito, em primeiro lugar, da fonte da denúncia, se ela é confiável, se ela tem um histórico de credibilidade". Em segundo lugar, analisa-se o conteúdo da denúncia. É a verificação jornalística que permite apurar se aquele conteúdo é consistente, se de fato os indícios ali sugerem fortemente a ocorrência de alguma prática ilícita, se há provas documentais, provas testemunhais de práticas ilícitas. "Há toda uma questão relacionada ao conteúdo em si da denúncia."

A terceira questão está relacionada à publicação da denúncia. "Só deve ser publicada uma reportagem seguida de uma investigação cuidadosa, meticulosa, que chegou a indícios suficientemente fortes que permitam trazer a público a suspeita que aquela denúncia levantou." Além disso, na publicação, o título precisa refletir o tanto quanto possível o conteúdo do texto; o ponto de vista da parte acusada precisa estar abundantemente registrado; o direito da parte acusada de acrescentar outras informações depois da publicação da denúncia precisa ser respeitado, assim como o direito da parte acusada de se recusar a falar com o repórter que conduziu a apuração da denúncia. "Solicitar falar com outro repórter, que não o autor da matéria, é um direito que a *Folha* também reconhece e que está inclusive escrito no manual de redação do jornal. Ou seja, é preciso que haja uma série de mecanismos e peneiras, para falar em termos mais coloquiais, que tornem difícil e até impossível a eventualidade de se publicar uma reportagem que atinja injustamente a reputação de alguém, seja uma pessoa física, uma empresa, uma entidade, uma fundação, uma ONG."

Existem outros mecanismos estruturais do veículo que também visam reduzir a possibilidade de haver injustiças desse tipo. Um deles é o *ombudsman*, profissional contratado pelo jornal, com autonomia e estabilidade de seis meses de emprego após deixar a função – cargo que a *Folha* foi pioneira em trazer para o jornalismo no Brasil. "O trabalho desse profissional é ouvir queixas contra o jornal, avaliar se as queixas têm procedência, fazer com que o jornal publique as queixas e eventualmente até acolher aquelas queixas na própria coluna que é publicada aos domingos." Outro recurso usado pela *Folha* é o "Erramos", que "bem ou mal é uma sessão que a *Folha* publica diariamente e continua sendo o único jornal brasileiro a publicar todo dia suas retificações na qual o veículo reconhece os erros que foram cometidos". A idéia, acrescenta Frias Filho, é, "como se diz na democracia americana, que haja, internamente, um jogo de freios e contrapesos, *check and balances*, que permita reduzir a possibilidade de que haja algum tipo de injustiça grave, pelo menos".

O papel social do jornalismo investigativo

De acordo com o jornalista uruguaio Dario Klein, que atualmente trabalha na rede norte-americana de televisão CNN, em Atlanta, como editor e jornalista investigativo (*El papel del periodismo de investigación en la sociedad democrática*, capítulo 5, tese de doutorado em Jornalismo de Investigação, pela Universidade Complutense de Madri, Espanha), o jornalismo investigativo só poderá ser praticado dentro de uma sociedade democrática, pois, "se a democracia necessita do jornalismo de investigação, este, por sua vez, necessita da democracia". Isso porque, embora o jornalismo investigativo democratize informações que alguém quer esconder da sociedade, ao mesmo tempo ele requer que uma sociedade esteja suficientemente amadurecida democraticamente para permitir a sua existência.

Segundo Klein, não se pode esquecer que, mesmo numa sociedade democrática, os graus de liberdade de imprensa variam, da mesma forma que variam os graus de transparência dos atos oficiais e junto com eles a profundidade e a facilidade ou dificuldade de se realizar o jornalismo investigativo. É necessário, portanto, "que existam condições específicas para o desenvolvimento deste gênero jornalístico, que envolvem as empresas de comunicação e as instituições jurídicas de um país".

O jornalista e pesquisador Carlos Eduardo Lins e Silva (1991, pp. 83-4) também enfoca a importância do contexto social para o sucesso do jornalismo investigativo, quando considera "grosseiramente exagerada" a noção de que foram os jornais que derrubaram o presidente Nixon do poder, no caso Watergate, em meados da década de 1970. "Na verdade, os jornais deram repercussão a um processo que começou com a polícia, passou pelo Congresso e terminou na Justiça e que não teria chegado ao final que chegou se todas essas instituições não fossem fortes e não estivessem funcionando bem." A reflexão de Lins e Silva, quando colocada dentro do contexto brasileiro atual, deixa bem claro que o jornalismo investigativo por si só não poderá cumprir seu papel de guardião da sociedade se as instituições oficiais não funcionarem.

Na mesma linha de pensamento de Lins e Silva, o jornalista Frederico Vasconcelos não concorda com a visão do jornalismo investigativo como substituto de um Estado omisso: "Como a gente viveu durante muito tempo sob uma ditadura, fica a imagem de que a abertura vem pela imprensa, mas essa não deve substituir a investigação da polícia, o papel do promotor, denunciando os erros sociais, nem o do juiz, no julgamento das mazelas sociais. Na minha opinião, ela tem de investigar tendo como referência o produto do trabalho dessas áreas. O jornalismo presta serviço, não tem a menor dúvida, denunciando o que não funciona nessas áreas, mas não pode substituir o Estado".

Já a preocupação do repórter Rubens Valente, com relação ao papel do jornalismo investigativo na sociedade, tem outro viés: ele preocupa-se com a forma como o jornalismo investigativo tem sido praticado no Brasil, pois afirma que "esse tipo de jornalismo ainda não está cumprindo sua função social numa dimensão desejada, pois as instituições brasileiras, na maioria das vezes, não corrigem os erros apontados pelas reportagens investigativas". Ele cita como exemplos a cobertura do financiamento das campanhas eleitorais, cujos tesoureiros continuam ilustres desconhecidos, como se não fossem determinantes. Vai mal, também, na sua visão, a lógica cruel que permite à imprensa ter editorias e cadernos batizados de Negócios, Dinheiro, Carros & Cia., Automóveis e Turismo, mas nada parecido com Miséria, Trabalho, Ônibus, Trens & Cia., Violência, Amazônia ou Meio Ambiente – todos assuntos sempre relegados a um segundo plano. E vai mal, por fim, a ausência de equipes na periferia das grandes cidades destinadas a investigar "causas e conseqüências das chacinas e da violência contra os miseráveis, que só têm espaço nos jornais em forma de estatísticas frias ou de exóticos casos isolados, como se o sangue da periferia fosse menos vermelho que o dos Jardins [bairro nobre paulistano]".

Ao se enfocar o papel social do jornalismo investigativo na sociedade brasileira, é importante colocar a crise financeira que se abateu sobre importantes veículos de mídia como fator determinante para que o jornalismo investigativo possa cumprir sua função social. Só em 2001 foram constatadas 6.877 demissões de jornalistas em todo país, segundo dados divulgados pela Federação Nacional dos Jornalistas.

Os efeitos da crise foram sentidos pelo repórter Rubens Valente, em 1999, na redação do *Jornal do Brasil*, quando tentava fechar uma pauta sobre grupos de extermínio no Espírito Santo. O tema da reportagem surgiu em conversas com o também jornalista Geovane César, quando este lhe contou que um delegado, chamado Francisco Badenes, havia elaborado um dossiê no qual acusava o então ministro Élcio Álvares de ligações com o narcotráfico. Na opinião de Geovane, a acusação era surpreendente. "Tentei apurar o tema, mas o *Jornal do Brasil* estava sem dinheiro para a viagem e fui obrigado a abandonar a investigação." Dois meses depois, Valente leu a matéria que gostaria de ter feito na revista *IstoÉ*, assinada pelo repórter Andrei Meireles. "Ele fez uma série de ótimas reportagens tendo como ponto de partida o relatório de Badenes, que provocou a demissão do então ministro, e ganhou o Prêmio Esso de Jornalismo de 2002." Até hoje, Valente lamenta não ter podido fazer essa matéria.

A situação econômica do país tem preocupado, também, o repórter Frederico Vasconcelos. Ele acredita que diante do contexto de crise econômica que se vive hoje na sociedade brasileira está cada vez mais difícil praticar o jornalismo investigativo, pois o repórter depara com a falta de espaço nos veículos impressos para matérias do tipo que exigem um mergulho mais profundo no tema que se está apurando e enfrentam maior pressão quanto ao tempo de elaboração de uma nova reportagem. "Enfim, a imprensa está sofrendo a crise que abala todas as áreas: no jornalismo, trabalha-se com espaços menores, equipes menores. O custo do jornalismo investigativo é muito alto, já que para se fazer uma matéria bem feita é preciso tempo." O repórter tem sentido também a escalada das ações de indenização, com sentenças pesadas, o que faz que as pequenas empresas jornalísticas, do interior, tenham abolido esse tipo de jornalismo, com medo de processos.

Rubens Valente levanta ainda outro problema, que está embutido na crise financeira das empresas: com medo de perder seus empregos, muitos editores não querem correr riscos, dificultando o trabalho do jornalista investigativo. "Aquele tipo de editor que tem sobre sua mesa um letreiro 'Não me tragam problemas' é capaz de destruir uma equipe inteira de repórteres." Rubens acredita que existem "três pragas" impedindo que se pratique o jornalismo investigativo de forma ideal: a praga da denúncia em *off*, a praga do declaratório e a praga do oficialismo. "Às vezes, uma notícia só vira notícia quando uma 'otoridade' confirma que ela de fato é notícia. E, quando se tem um editor medroso, fica-se impedido de investigar."

Concluindo este capítulo, que conceituou o jornalismo investigativo tendo como referência depoimentos de repórteres que vivem o dia-a-dia das redações e pesquisas sobre o tema feitas por teóricos em jornalismo, fica claro que o conteúdo das reportagens investigativas constitui uma característica dessa categoria. Por isso, na sua rotina de trabalho, o profissional precisa encontrar "formas" diferentes de "olhar" uma informação, um fato que brota na sociedade. Precisa, por exemplo, ler nas entrelinhas de uma informação superficial uma realidade camuflada, que grupos de poder tentam esconder da sociedade.

O jornalismo investigativo tem como função desvendar as causas, as origens de um acontecimento, sem nunca ficar limitado ao factual; driblar *lobbies* e estratégias de *marketing* usadas por assessores de imprensa, na sua função de criar uma imagem positiva diante da sociedade dos grupos políticos, econômicos e sindicais que representam. É função ainda do jornalismo investigativo seguir o rastro de histórias ou acontecimentos que, em determinado momento, foram notícia, mas acabaram saindo das páginas dos jornais – com o objetivo de checar se esses fatos, da forma como foram divulgados, não trouxeram prejuízos à sociedade.

Para que o jornalismo investigativo cumpra sua função social, ou seja, mostre à sociedade as mazelas que a debilitam, são necessários quatro elementos básicos: que o repórter trabalhe num contexto social democrático; que as instituições estatais garantam que as mazelas expostas sejam sanadas; que as empresas de comunicação, em uma situação econômica estável, independam de instituições públicas e privadas; e, por fim, que o repórter, durante o processo investigativo, trabalhe sob a égide da ética.

A base do jornalismo investigativo do novo século está construída em uma verificação precisa dos fatos e em uma independência obstinada, quer do repórter, quer da empresa a que está vinculado. Dessa forma, só atuando numa empresa de comunicação livre de amarras com os poderes econômicos e políticos e com fortes vínculos com a missão de serviço público, o repórter investigativo poderá construir uma história que algumas poucas vezes poderá mudar o rumo das nações, como no caso Watergate, nos Estados Unidos. É nesse momento que o jornalismo investigativo converte a imprensa e os meios de comunicação em geral em representantes legais dos interesses dos cidadãos.

CAPÍTULO 4

JORNALISMO INVESTIGATIVO:
O MODELO BRASILEIRO

O levantamento das diversas etapas de construção de uma reportagem investigativa, do nascimento da pauta à publicação da matéria, é o objetivo deste capítulo, que busca determinar a existência de um modelo brasileiro contemporâneo de jornalismo investigativo. Para isso, buscou-se desvendar os pontos cruciais do processo perseguido pelo repórter na sua missão de expor à sociedade as suas mazelas. Tendo como referência depoimentos de jornalistas investigativos, vinculados aos principais veículos de mídia impressa do país, procurou-se detectar os métodos, as técnicas e estratégias de apuração utilizados pelos profissionais, assim como a complicada relação entre fontes e repórter e também as balizas éticas que norteiam os profissionais durante suas rotinas produtivas.

Para o repórter Percival de Souza, que se tornou uma referência em jornalismo investigativo na área policial, uma nova reportagem pode nascer a qualquer momento, oriunda de um fato que lhe chame atenção, de um personagem forte ou, ainda, da vontade de denunciar uma injustiça ligada a qualquer área – policial, política, econômica – que está sendo escondida da população brasileira. Enfim, na sua visão, é fundamental que o jornalista investigativo seja um cidadão antenado com o seu cotidiano, com sua cidade, seu estado, seu país, e tenha sensibilidade suficiente para perceber o que é e o que não é importante jornalisticamente. É necessário, também, que o jornalista esteja antenado com as conexões que os fatos atuais possam ter com o passado de seu país, pois um dos principais objetivos do jornalismo investigativo é resgatar fatos históricos, analisando-os com o olhar de hoje.

Encontrado um novo tema, é fundamental que o profissional faça um estudo da viabilidade com relação às despesas previstas, ao tempo que será gasto e à porcentagem de sucesso de seu trabalho, para apresentá-lo, depois, aos seus superiores diretos, a fim de saber da possibilidade de o veículo bancar o trabalho ou não, pois nesse tipo de reportagem o profissional muitas vezes é obrigado a deslocar-se de sua cidade, seu estado e até do país – e evidentemente tudo isso custa dinheiro. "Então, é preciso que os mínimos detalhes sejam pesados, calculados, em termos de custo. Hoje, mais do que nunca, em função das dificuldades econômicas que assolam alguns veículos da imprensa brasileira, a avaliação de custos tem um peso muito definido."

Mesmo assim, essa avaliação não evita que, apesar de programadas, algumas reportagens não sejam concluídas. "Você acredita que o assunto mereça uma apuração rigorosa, considera o tema viável, dedica-se a ele por um bom tempo e no final nada dá certo." Afinal, o jornalismo não é matemático, entretanto, "nem sempre os chefes de reportagem entendem, nem sempre os editores entendem isso". O que Percival comprovou em sua longa carreira de repórter é que, durante as reportagens investigativas, o profissional precisa estar desvinculado do dia-a-dia da redação, sem receber pressões de ninguém, para fazer uma boa apuração. No caso de Percival, após a conclusão da apuração, ele necessita de um recolhimento para escrever a matéria. "Enfim, é preciso desaparecer, ficar fora do ar por uns tempos. Se o veículo não entender isso, nada feito. Não tem jornalismo investigativo sem isso."

Um bom exemplo da necessidade de programação por parte do jornalista antes de iniciar uma reportagem investigativa fica claro na matéria feita por Percival de Souza sobre o cabo Anselmo, na qual ele resgata um episódio da história recente do Brasil. O tema surgiu enquanto o repórter escrevia a biografia do delegado Sérgio Paranhos Fleury, da Polícia Civil de São Paulo, e um dos líderes do Esquadrão da Morte paulista, que se tornou conhecido pela brutal execução de suspeitos de crimes comuns, especialmente traficantes de droga, e esteve ligado, também, a facções de direita, como o Comando de Caça aos Comunistas. Em 1969, transferido do Departamento Estadual de Investigações Criminais para o Departamento Estadual de Ordem Política e Social, ficou conhecido por sua personalidade violenta e por ser responsável pela eliminação de vários opositores da ditadura militar.

Enquanto pesquisava sobre Fleury, entrou em contato com uma fonte que convivera com o delegado e, por acaso, havia sido responsável pela prisão do cabo Anselmo. Essa fonte, durante o depoimento, deixou escapar que Anselmo estava vivo, morando no Brasil, com nome e documentação falsos. Sempre em busca de novos temas, Percival percebeu que a informação, se verdadeira, poderia lhe render uma matéria investigativa extraordinária e "contribuiria para o esclarecimento de vários episódios ligados à luta travada pelos órgãos de repressão no combate ao terrorismo no Brasil". O repórter passou a consultar fontes ligadas a Anselmo, a ouvir pessoas, tanto ligadas aos grupos terroristas como aos grupos de repressão, que vivenciaram os acontecimentos daquela época, em busca da confirmação do fato e também em busca de dados que lhe permitissem traçar o perfil do cabo Anselmo. Com a confirmação do fato, adiou seu projeto de escrever a biografia de Fleury e passou a dedicar-se, exclusivamente, à reportagem sobre o cabo Anselmo.

O primeiro passo foi fazer um estudo de viabilidade da matéria e um planejamento metodológico – "essenciais em matérias como essas", ele ressalta. "Tudo tinha de ser planejado, detalhado, passo por passo, para poder mostrar à chefia de reportagem do *Jornal da Tarde* (veículo do grupo Estado de S. Paulo) sobre os gastos e o tempo para realizar a reportagem." Nessa altura, Percival já sabia "que Anselmo estava vivo, onde vivia e que tinha uma história para contar. Eu só precisava desenvolver uma estratégia de persuasão para convencê-lo a falar".

Ainda dentro do estudo de viabilidade da matéria, o repórter passou meses pesquisando aquele período da história do Brasil, anotando os locais onde foram travados os embates mais ferozes entre os grupos de repressão e os grupos contrários à ditadura militar. Concluiu que teria de fazer Anselmo voltar, por exemplo, ao local onde se deu o aniquilamento dos remanescentes do último grupo de luta armada, a VPR (Vanguarda Popular Revolucionária), em Pernambuco, num cerco feito pelo Exército e o Dops (Departamento de Ordem Política e Social) de São Paulo. Naquele local, entre os mortos, estava uma mulher, militante da VPR, com a qual Anselmo, na condição de agente duplo, vivia maritalmente e a quem ajudou a matar. "Eu queria tocar nessa ferida, uma vez que foi Anselmo, como agente duplo, que levou as forças de repressão até lá. Então, precisava de um plano convincente, para fazê-lo, primeiro, voltar ao local e, depois, falar."

O jornalista fez um estudo psicológico do personagem, por meio de depoimentos de pessoas que conviveram com ele, no passado, e dos que convivem hoje. Estudou ainda seu perfil e qual sua real importância, nesse pedaço da história do Brasil, que resultou na dizimação da esquerda armada brasileira. Nesse caso, Percival deixa claro que a reportagem só foi feita devido ao seu modo de encarar uma fonte de informação: "Certos jornalistas desprezam fontes por idiossincrasias – pessoal, moral, intelectual ou ideológica. Na minha opinião, no jornalismo, não é possível você ter qualquer tipo de idiossincrasia com relação a uma boa fonte, e isso muitos profissionais não conseguem entender. Não conseguem superar. Não me interessa se ele é crápula, bandido, cafajeste, traidor, Judas, Silvério dos Reis. O que me importava, na época, era reconstituir um fato histórico e isso eu consegui". Percival conta que se preparou para isso, pesquisou durante meses sobre Anselmo e só então mostrou à sociedade brasileira um personagem em toda a sua dimensão: pessoal, histórica, militante, conflitante, daquele que passou da esquerda armada para repressão feroz. "Foi um trabalho difícil", recorda o repórter.

No caso específico dessa matéria, Percival relacionou, ainda dentro do estudo de viabilidade, os pontos que precisava elucidar, os lugares que precisava visitar em Sergipe, Pernambuco e Rio de Janeiro, os gastos com viagem, hospedagem e alimentação. "Cada reportagem investigativa é única, por isso, é difícil especificar em quantas fases é construída uma matéria desse tipo." Nessa matéria, por exemplo, os desdobramentos foram vários. O primeiro deles surgiu quando, após o estudo de viabilidade, elaborou um projeto de trabalho e ofereceu-o aos seus superiores imediatos no *Jornal da Tarde*, para aprovação, como faz rotineiramente. Mas, para sua surpresa, o veículo não se interessou pelo assunto; esse foi o "primeiro fato que não estava previsto" nas várias etapas de construção da matéria que hipoteticamente havia levantado. "Eu sou um dos fundadores do *Jornal da Tarde* e deparei, estupefato, com a indiferença do veículo em relação ao tema."

Percival não se deixou abater e expôs seu projeto ao jornalista José Maria dos Santos, então redator-chefe da revista *Época*, que levou a proposta à direção do veículo. O tema foi aceito de imediato. "No final, foi muito bom, pois a *Época* publicou a matéria em 16 páginas, espaço que nunca teria no *Jornal da Tarde*, em edição nacional." Dentro do acordo com a direção da revista, a identidade de Anselmo deveria ser reconhecida por uma autoridade policial. "Localizei, então, o policial que o prendera, anos atrás, que se prontificou a fazer a identificação."

Vencido o problema do veículo de publicação, Percival começou a lutar pela entrevista com o personagem-chave da reportagem, e aí deparou com o segundo fato imprevisível: Anselmo exigiu que o repórter passasse por uma espécie de teste de avaliação, para ter certeza de que poderia confiar nele, no que se referia à preservação de sua identidade. "Tive então de convencer aos mediadores que Anselmo me enviava de que seu nome seria preservado e da importância da matéria para a história do Brasil." Após seis meses de conversação, chegou, enfim, o dia do primeiro encontro, que, para surpresa de Percival, foi marcado na Biblioteca da Assembléia Legislativa de São Paulo, sob a seguinte alegação de Anselmo: "Esse lugar é um deserto, ninguém na Assembléia freqüenta a biblioteca".

Durante o encontro, Percival constatou que Anselmo não errara; se alguém quiser marcar um encontro secreto, a biblioteca é mesmo um dos lugares mais seguros de São Paulo. A reportagem foi marcada para o período que antecedeu o Carnaval de 1989, e ficou acordado que os encontros começariam em Aracaju e terminariam em Recife. "Ficamos 15 dias hospedados no mesmo hotel e durante três dias tivemos a companhia do policial que o identificou. Do nosso trato também constou que todas as fotos, tiradas por mim, seriam feitas com Anselmo de óculos escuros, boné e barba."

Embora quase todas as reportagens feitas por Percival obedeçam a certo ritual, que inclui várias fases, como estudo de viabilidade, com a elaboração de um projeto a ser aprovado pela direção do jornal, levantamento de fontes de informação, levantamento documental e cruzamento de dados, há casos em que o estudo da viabilidade precisa ser abolido, pois o trabalho investigativo "é de certo modo imprevisível e toda apuração pode ter desdobramentos inesperados". Segundo Percival, há matérias que dependem unicamente da intuição do repórter, que precisa, por isso, ter poder de decisão na empresa.

Um exemplo de casos assim foi uma matéria feita nos anos 1960, que teve como personagem principal o doador do primeiro transplante de coração realizado na América Latina, no Hospital das Clínicas, pelo médico Eurípedes de Jesus Zerbini. Nas semanas que antecederam ao transplante, o *Jornal da Tarde* montou um esquema de exclusividade para cobertura com o hospital, onde seria realizada a cirurgia. "Foi realmente uma cobertura invejável, perfeita, mas havia uma lacuna informativa: ninguém sabia quem era o doador. E isso começou a me preocupar. Por que esse doador não tem identidade?" A única informação fornecida pelo hospital e pela equipe médica era que o coração doado tinha pertencido a alguém que morrera atropelado. "Veja bem, o fato era grandioso, afinal estava se fazendo o primeiro transplante do coração na América Latina e, por isso, a imprensa em geral não se preocupou com a identidade do doador."

Foi aí que ele levantou a hipótese de que estavam escondendo alguma informação do leitor. Ao levantar tal hipótese, percebeu que aí tinha uma grande matéria e resolveu ir a campo. O jornalista contava com uma única pista, fornecida pelo hospital: o doador morrera atropelado. Verificou com órgãos competentes o local do atropelamento, informação que conseguiu levantar por volta das 23h30 de um domingo, e, não teve dúvidas, correu para o local, pois "sabia que encontraria alguma coisa por ali". Percival encontrou um pé de sapato jogado e um maço de cigarro de palha, pela metade. Colocou-os no carro e levou-os para casa, já de madrugada.

Continuou acordado, olhando o sapato e o maço de cigarros à procura de uma idéia para iniciar as investigações. Só conseguiu dormir quando tomou uma decisão quanto à metodologia que usaria para descobrir a quem pertenciam os objetos: quando o dia amanhecesse, acompanhado de um fotógrafo, vasculharia toda a região à procura do dono da metade do maço de cigarros de palha, já que poucas pessoas fumavam aquele tipo de cigarro. Levantou também outras hipóteses: o atropelado deveria morar próximo ao local do acidente, pois estava sem documentos, fumar regularmente cigarros de palha e ser conhecido pelas redondezas. E foi o que fez. Com o maço de cigarros na mão percorreu todos os bares, biroscas e botecos da região, perguntando se algum deles tinha um freguês que fumasse o tal cigarro. "Fiquei um dia inteiro nisso, até que, no final da noite, num bar, o vendedor afirmou conhecer um tal João que só fumava aquele cigarro, morava na rua de trás e tinha estado ali no dia anterior. O vendedor explicou onde ficava a sua casa."

Com base nessa informação, começou outra fase da investigação: localizar a moradia do suposto doador. Junto com o repórter fotográfico, bateu de casa em casa, até que foi atendido pela mãe do João, que quis saber quem era o repórter e informou que o filho não estava em casa. Simples e falante, disse estar preocupada, pois João, ao contrário do que costumava fazer, saiu para encontrar amigos no bar que freqüentava e não voltara até aquela hora. "Quando ela falou isso, eu sabia que tinha nas mãos uma grande matéria e iria mostrar para os leitores do *Jornal da Tarde* o outro lado do primeiro transplante de coração da América Latina."

Durante a conversa com a mãe, Percival viveu um dos momentos mais dramáticos de sua vida, pois ela, mulher simples, não acompanhava noticiário dos jornais, não sabia o que se passava, embora estranhasse a preocupação do repórter com seu filho, pois não o identificou entre seus amigos mais chegados. Fez algumas perguntas, mas, no desespero, foi contando a história do rapaz: do que ele gostava, por que time de futebol torcia, da sua vida profissional, de namoradas. No final, trouxe fotos de João, as quais o fotógrafo reproduziu. "Nessa altura, o meu conflito aumentava, pois não sabia se contava ou não que ele estava morto e se transformara no doador do primeiro transplante de coração feito na América Latina", sem que a família soubesse ou autorizasse. "Não tive coragem de contar nada, saí dali com as informações, chocado e triste, mas com uma certeza: contaria toda a história do primeiro doador."

Nesse tipo de matéria, não é possível fazer um estudo de viabilidade: as decisões precisam ser rápidas e, na maioria das vezes, tomadas solitariamente, "pois, se fosse esperar o aval do meu editor, provavelmente chegaria ao local do acidente depois dos garis, e o maço de cigarros e o sapato já não estariam mais ali". Percival faz questão de mostrar outro lado do caso: "Se minha intuição tivesse falhado, eu teria ficado um dia inteiro fora da redação, com um repórter-fotográfico à minha disposição, além de um carro de reportagem e um motorista, percorrendo bares e biroscas e voltaria de mão abanando". Por isso, explica: "É preciso que o repórter investigativo tenha poder de decisão e consciência de que nem todos os casos são iguais e não existe uma metodologia única para se fazer uma reportagem. Cada caso é um caso e, em síntese, o mais importante é a sensibilidade do repórter para intuir onde está uma grande matéria. E é preciso, também, ter sorte".

Nesses casos, o repórter não tem tempo de avaliar se uma apuração jornalística terá sucesso ou não: ele tem de seguir sua intuição, criar uma estratégia para obter os dados e provar sua hipótese, que foi exatamente o que Percival de Souza fez. "Entretanto, esse tipo de reportagem investigativa é cada vez mais raro no jornalismo praticado hoje." Dificilmente nas redações, atualmente, um repórter tem a chance de colocar à prova o seu sexto sentido, sua argúcia, pois seus superiores imediatos – quer o editor, quer o chefe de reportagem – raramente lhe dariam autorização para isso. "Nas redações de hoje, se você usar essas técnicas – percorrer bares à procura de alguém que fume cigarro de palha – talvez a maioria ache que você está fora do eixo. Mas eu fiz muitas matérias importantes empregando técnicas nada ortodoxas e ganhei prêmios com elas."

Percival deixa claro que, embora existam fases já consolidadas no processo de elaboração de uma reportagem investigativa, cada matéria é única e exige que o profissional coloque em jogo sua criatividade e encontre as estratégias certas para desenvolvê-la. Um exemplo disso foi outra série de matérias feita por Percival, que conquistou uma menção honrosa do Prêmio Esso, em 1977, sobre o caso Tino, como foi chamado na época, pela imprensa, o assassínio do detetive particular Eurico Dias Pinheiro, o Tino (publicada entre 17 e 23 de maio de 1977).

Tino era um informante policial peculiar; os policiais estaduais estavam convictos de que ele era informante da Polícia Federal, e os federais acreditavam que ele fornecia dados à polícia estadual. Mas, na realidade, ele era, além de detetive, contrabandista e foi assassinado na zona Norte de São Paulo – crime que ainda precisava ser esclarecido. As investigações tomaram novo rumo quando se descobriu que os policiais federais estavam envolvidos no crime até a medula. Em determinada altura, surgiu um novo personagem, chamado José Luiz da Silva, que poderia ser a chave do mistério e foi acusado de ter matado ou mandado matar o Tino. O delegado Sérgio Fleury estava na investigação e soube que José Luiz estaria no Paraguai, em Pedro Juan Cabalero, em companhia de seu advogado. "Ele foi imediatamente para o Paraguai, mas perdeu o tal do Zé Luiz por questão de 20 minutos, só encontrou o advogado e, como era de seu estilo, ficou possesso e torturou o advogado para ele contar onde estava seu cliente, mas não tirou essa informação de sua vítima."

Foi nessa altura dos acontecimentos que Percival decidiu entrar no caso. Entrou em contato com suas fontes na polícia e começou a cercar todos os que tinham tido contato com Zé Luiz, até que uma fonte, no meio da conversa, deixou escapar que ele queria mesmo esclarecer as dúvidas sobre o crime, pois não era o autor direto. "Usei essa fonte para marcar uma entrevista com Zé Luiz. Aí começaram as negociações. Foi exigido que eu viajasse sozinho, sem fotógrafo, e que deveria estar no Aeroporto de Congonhas, num dia tal, numa determinada hora e ficar na engraxataria, polindo meus sapatos e lendo um jornal X, até que alguém me perguntasse: está dando um trato aí?"

Percival diz que pode parecer coisa de filme, mas aconteceu exatamente assim. "Fiz o combinado e a pessoa pediu para reencontrá-la, após engraxar os sapatos, num café do aeroporto. Ao reencontrá-la, minutos depois, fui informado que embarcaríamos em um avião e que eu não me preocupasse com nada: passagem, destino. Enfim, o mediador foi curto e grosso: 'Não se preocupe com nada, só obedece." Diante disso, o repórter decidiu ficar de boca fechada. "Fomos de ponte aérea para o Rio de Janeiro, onde um carro nos esperava. Esse carro rodou, rodou, deu voltas e parou no Galeão, onde fiquei confinado numa sala de embarque." Depois, o repórter embarcou em outro avião e desceu em Salvador. Foi levado direto para um hotel, onde, finalmente, encontrou o tal do Zé Luiz. "Fiz a matéria, foi incrível. Então, nesses casos, não dá para fazer previsões, o importante é não deixar a matéria escapar das mãos."

Ao longo de mais de quarenta anos de profissão, Percival tem cerca de vinte processos na Justiça e sempre contou com total apoio do *Jornal da Tarde*, que mantém um especialista em legislação de imprensa para apoiar seus profissionais nessas horas. Só uma vez precisou de escolta particular para ele e a família, pois estavam recebendo telefonemas anônimos, após a publicação de uma série de matérias sobre roubo de carros envolvendo policiais corruptos. "Foram quarenta dias de suplício, para todos nós, pois tínhamos guarda-costas em tempo integral." Percival reconhece que não é fácil ser um repórter investigativo, que define como um profissional extremamente solitário.

Fora casos específicos, como as reportagens sobre o caso Tino e o doador do transplante de coração, a construção de suas matérias segue o seguinte esquema: após descobrir um novo tema, faz um estudo de viabilidade para ver se vale a pena investir tempo e dinheiro no caso. Depois, analisa profundamente o assunto em questão: consulta a bibliografia sobre o tema, pesquisa na internet e, quando há necessidade, consulta especialistas. Em seguida, levanta as fontes de informação que poderão lhe ajudar, para, então, desenvolver um método de trabalho e as estratégias que serão necessárias para obter as informações. "Eu coloco na cabeça o seguinte: essas pessoas têm a história que eu quero reconstituir, então, é preciso criar uma metodologia de trabalho e estratégias para isso. Além, claro, de uma certa obstinação, dedicação e tempo."

É preciso também aceitar a solidão, pois, às vezes, "o repórter investigativo passa dias, semanas ou meses longe da família, desligado do mapa e isso exige disciplina, metodologia e sacrifício". Mas Percival está convencido de que vale a pena, pois ao longo de sua carreira ajudou a desvendar crimes, recuperar episódios de nossa história, sempre dentro do Código de Ética dos Jornalistas. "Enfim, tenho cumprido com minha função social. Faço a minha parte."

Da mesma geração de Percival de Souza, o jornalista Antonio Carlos Fon também está entre os melhores repórteres investigativos do país, tendo recebido, ao longo de seus quase quarenta anos de carreira, os mais importantes prêmios jornalísticos. Na sua visão, não existe um saber consolidado no Brasil sobre jornalismo investigativo, e, por isso, cada profissional, pelo menos os de sua geração, foi desenvolvendo, diante dos desafios surgidos no dia-a-dia, suas próprias técnicas e métodos de trabalho, que "têm a ver com a área de atuação de cada um". Fon começou no jornalismo como repórter da editoria de Polícia e tornou-se um dos mais respeitados jornalistas na área. Conta que a experiência como repórter de Polícia lhe foi muito útil: aprendeu as técnicas investigativas utilizadas pelos policiais e as adaptou às apurações jornalísticas. Foi nessa época, por exemplo, que começou a criar técnicas específicas de jornalismo investigativo, que até hoje utiliza nas suas reportagens.

"Na investigação policial, existe uma técnica chamada de espiral concêntrica; de acordo com ela, ao chegar ao local de um crime, o policial concentra-se, por exemplo, na figura da vítima, e a partir dela vai ampliando as investigações em sua volta: observa tudo que a rodeia, se tem pegadas, cartucho de bala, vestígios de sangue, enfim, busca todos os indícios que poderão ser transformados em pistas e depois em provas." Na fase seguinte, pois "a espiral concêntrica não se limita à parte física", tenta descobrir todos os que conviveram com a vítima: namorada/mulher, amigos, inimigos, colegas de trabalho/escola, enfim, apura-se tudo que possa chegar a fatos que esclareçam o caso. "Foi essa técnica que levei para o jornalismo investigativo e que tenho empregado com êxito." Ao contrário da maioria dos jornalistas, que se especializa em uma área específica, Antonio Carlos Fon deixou o jornalismo policial, que praticava no *Jornal da Tarde*, e se transferiu para a revista *Visão*, em 1974, voltada para temas econômicos. Nas duas primeiras reportagens que fez, escolhidas para a capa da revista – uma sobre carvão mineral e outra sobre a formação de pilotos profissionais no Brasil –, aplicou as técnicas que tinha aprendido na reportagem policial. "Foi aí que tomei consciência que havia criado o meu próprio método de trabalho e que poderia aperfeiçoá-lo com o que estava aprendendo na editoria de Economia."

Dedicou-se então a aperfeiçoar seus métodos investigativos. Primeiro, enriqueceu as técnicas de jornalismo investigativo (que começou a desenvolver na editoria de Polícia) com o que estava aprendendo nas coberturas econômicas, como noções de economia, balanço. Incorporou, por exemplo, o uso da análise de balanço, sempre que pertinente, a qualquer tipo de investigação, tornando assim suas apurações mais rigorosas. Mais tarde, nos anos 1980, quando foi para a revista *Veja*, como repórter da editoria de Brasil Social, passou a cobrir os órgãos de segurança e informações; lá, aprendeu a dar valor aos arquivos e à documentação, "cuja importância é fundamental para se desenvolver uma matéria investigativa". Com os órgãos de segurança nacional, aprendeu, por exemplo, a usar um sistema de classificação das informações que até hoje lhe ajuda na hora de avaliar uma informação e de definir em que linha vai trabalhar.

Fon explica que o método foi criado pelos serviços de inteligência americano, que desenvolveram um esquema chamado Sistema Alfa Numérico de Avaliação da Informação. Por esse sistema, a informação pode ser A1, A2, A3: o A significa que os dados foram checados e confirmados e o 1 que a fonte é confiável; A2, que é fonte de média confiança, e assim vai. Depois, vem a classificação B1, B2, B3; nesses casos, há algumas dúvidas com relação às informações obtidas. "Eu passei a aplicar esse tipo de avaliação nas informações jornalísticas que recebo e também às fontes, que me passam essas informações." Segundo o jornalista, quando lê um documento, o faz da mesma forma que um advogado: "Minha cabeça funciona em duas direções. Leio o que está no documento e procuro pelo que está faltando". Por exemplo, num caso de estupro, ao defender um cliente, o advogado, após ler o documento acusatório, começa a procurar pelo que deveria conter a acusação e o que não está lá, na busca de um caminho para a defesa de seu cliente. "Enfim, o advogado examina se alguma norma do Código Penal não foi cumprida e usa isso a favor de seu cliente. E é exatamente assim que leio as informações jornalísticas: procurando alguma coisa que está faltando, para iniciar aí a minha investigação."

Muitos jornalistas fazem isso naturalmente, explica Fon, mas não têm consciência de que é uma técnica jornalística que pode ser usada no dia-a-dia do repórter a seu favor. Um profissional que cobre os departamentos da área judicial, ao deparar com um inquérito, seja da área civil ou criminal, sabe analisar qual erro jurídico esse documento pode conter, imediatamente, "porque desenvolveu essa técnica na sua rotina de trabalho, mas provavelmente não tem a consciência dessa descoberta. Conheço muitos colegas assim". Explica que sua vantagem com relação a outros jornalistas é que não ficou numa área específica do jornalismo, mas, ao contrário, trabalhou em quase todas as editorias – "só não trabalhei na área cultural e nos esportes, e, quanto aos cargos, fui de repórter a editor" – e acrescentou todas essas experiências ao método investigativo que utiliza nas reportagens. Para ele, entender de economia, política, técnicas policiais e de segurança o ajuda a perceber, com clareza, onde está o gancho de uma matéria investigativa. "Você está apto para perceber erros que outros repórteres não notam. Entendendo de várias áreas, você poderá cruzar uma informação política sob vários prismas, com o econômico e o legal, por exemplo."

Como outros repórteres investigativos de sua geração, Fon criou um método de trabalho próprio; entretanto, é um dos poucos que têm consciência de que usa uma metodologia específica na prática profissional. A maioria sabe que necessita de tempo para a apuração, de espaço nos veículos para publicação de suas histórias e que às vezes é obrigada a lançar mão de estratégias que a maior parte dos jornalistas de atualidade se recusaria a utilizar. Muitos acreditam que fazem apenas uma reportagem mais apurada, mais detalhada, sem se dar conta de que o que diferencia o jornalismo investigativo é exatamente o processo de trabalho do repórter.

Novas gerações

O jornalista investigativo Rubens Valente, da equipe de reportagem da *Folha de S.Paulo* e detentor de vários prêmios, já passou por veículos importantes, como os jornais *O Globo*, *Jornal do Brasil*, revista *Veja* e veículos impressos do Mato Grosso do Sul. Para ele, também, um novo tema para uma reportagem investigativa surge na maioria das vezes de detalhes observados no dia-a-dia da profissão. "Às vezes, detalhes tão pequenos que a maioria das pessoas nem nota." Para se ter uma idéia, só uma vez, em toda sua carreira, uma pauta foi desenvolvida a partir de uma denúncia anônima. Foi o caso da matéria sobre os gastos da ONG brasileira LBV, publicada no jornal *O Globo*, em 2001. "A denúncia foi dada por telefone e eu não tinha um dado consistente sobre o tema. Parti, literalmente, do zero."

Foi um trabalho cansativo, que consumiu três meses de trabalho do repórter. "Procuramos revelar como era gasto o dinheiro da maior entidade não-governamental do país, a LBV, com um orçamento anual de R$ 220 milhões, mantido principalmente com doações das classes C, D e E." O repórter mostrou na matéria que a LBV, com base num discurso "social", amealhava uma fortuna, mas fazia repasses de R$ 400 mil para uma igreja obscura, quase sempre ausente da propaganda da ONG. Com esse orçamento, foram compradas e construídas mansões para uso exclusivo do diretor-presidente da entidade. "Gosto muito dessa matéria, porque nosso trabalho não se baseou em nenhuma apuração oficial, do Ministério Público ou da Polícia Federal, embora tenhamos usado documentos oficiais de cartórios e Justiça."

Segundo o repórter, foi uma investigação rara, pois o trabalho jornalístico é que moveu os órgãos públicos. "Com base nas nossas reportagens, e em auditoria própria, o INSS pediu e conseguiu a cassação do registro da LBV de entidade filantrópica, em votação no Conselho Nacional de Assistência Social, formado por governo e ONGs."

A reportagem da LBV foi um caso raro, pois a maioria das matérias origina-se de notas lidas em jornais, conversas com fontes de informação e, muitas vezes, de conversas travadas entre colegas de trabalho. Uma das reportagens de que Valente mais gosta, feita em parceria com o jornalista Eduardo Scolese, sobre o número de assentados na reforma agrária da era Fernando Henrique Cardoso, surgiu "de uma conversa com o parceiro e foi uma das mais trabalhosas". Com experiência nesse tema, pois já esteve em cerca de 40 assentamentos e acampamentos de trabalhadores rurais sem-terra, o repórter percebeu que "os números (de assentados) do governo não batiam com a realidade e fui atrás da história".

Como repórter nos anos 1990, Rubens realizou matérias sobre assentamentos e acampamentos de sem-terra em Mato Grosso do Sul, Mato Grosso e Rondônia, e não conseguia enxergar "a tal revolucionária reforma agrária do governo Fernando Henrique". A construção da pauta foi demorada, consumindo quatro meses, só dois na pré-pauta, fase da reportagem em que Rubens coletou a documentação necessária para a elaboração da reportagem. "Buscávamos todo tipo de estudo sobre os números do governo: cobrávamos do Ministério do Desenvolvimento Agrário os balanços detalhados, pois não queríamos aquilo que eles, ano após ano, apresentavam à imprensa em Brasília, e que imediatamente virava bombástica manchete no dia seguinte, com meros gráficos coloridos em Excel. O antigo governo chamava isso de balanço. Mas nós queríamos o balanço de verdade, que contivesse a exata localização dos assentamentos, município por município, o número e os nomes dos assentados."

Durante o processo de coleta do material, as dúvidas de Rubens ficaram sérias, com relação aos dados que o governo fornecia à sociedade, quando as informações fornecidas pelos Incras regionais passaram a não bater com as do Ministério do Desenvolvimento Agrário em Brasília. "O Incra é o órgão executor da reforma agrária e nos parece virtualmente impossível que os dados não possam ser iguais." Com os documentos em mãos, o repórter iniciou as apurações em campo, nos dois únicos estados dos quais recebeu a relação dos assentamentos, município por município. "Das 29 superintendências do Incra ouvidas, só duas nos deram os dados corretos." Em novembro de 2001, cinco meses antes da publicação das reportagens, Rubens fez uma rápida entrevista – a primeira e única – com o então ministro Raul Jungmann, que "prometeu enviar todos os balanços detalhados como nós queríamos, mas até hoje continuamos aguardando por eles, que nunca foram enviados".

Antes de iniciar a redação das primeiras matérias, Rubens tentou uma nova entrevista e não conseguiu. Apenas três dias após a publicação, o então ministro atendeu ao telefone: "Tínhamos 20 perguntas a serem feitas, mas no meio da conversa ele bateu o telefone na nossa cara". Dias depois, enviou um texto ao jornal, "onde escreveu o que quis e como bem quis, inventando e distorcendo fatos, e caprichando, como é seu estilo, nas ofensas pessoais". O importante, segundo o repórter, é que nunca, desde o início das reportagens, ele se viu forçado a publicar uma errata sobre o caso ou recebeu uma única carta do Ministério do Desenvolvimento Agrário que desmentisse as apurações feitas. "Ao contrário, dias depois de a primeira reportagem ser publicada, o Ministério do Desenvolvimento Agrário, em acerto com Jungmann, o que é admitido pelo próprio, baixou uma portaria, a de n. 80, alterando os conceitos de assentamentos e assentados. Ou seja, como a realidade não se adequou às normas e regulamentos do próprio ministério, este mudou as normas e os regulamentos, o que entendo ter corroborado o cerne das nossas reportagens."

Quem se dispuser a ler a portaria, disponível no site do Ministério do Desenvolvimento Agrário na internet, pode entender "por que Fernando Henrique e Jungmann *assentaram* tantas famílias". Além de mudar os conceitos dessas palavras, para ajustar a realidade ao seu discurso, o governo criou uma auditoria – infelizmente, com servidores lotados no próprio Incra. Na verdade, relata, foi uma mera conferência de números, não houve nenhum trabalho de campo. A partir dessa auditoria, o Ministério negou-se a fornecer dados ao repórter: "Tivemos de recorrer a fontes do Congresso, que nos vazaram o material. Pudemos constatar que o governo havia *assentado* inclusive mortos". São milhares e milhares de "assentados" do governo FHC que "na verdade estão nas terras há 20, 25 anos, ainda na época do regime militar".

Continuando a falar sobre o processo de surgimento de uma pauta, Rubens explica que, ao surgir um tema novo, ele é submetido à direção do jornal, para a qual Rubens faz um relatório, avaliando o tempo presumível que será consumido nas apurações e na redação da matéria. "Traço as viagens necessárias." Ele confessa que já teve muitas pautas abortadas por falta de dinheiro e, também, por falta de tempo, em alguns jornais onde trabalhou no passado. "As chefias não aceitavam as pautas por essas exigirem muito tempo de trabalho." O repórter confessa, também, que não faz um planejamento muito detalhado no início de uma pauta. Limita-se a traçar, em linhas gerais, o caminho que precisa percorrer (fontes a serem descobertas e entrevistadas, documentos que deverão ser levantados, por exemplo) e coloca isso no papel. "É só para o meu controle, nada muito detalhado."

Em algumas coberturas, por exemplo, não dá para planejar detalhadamente o caminho a ser seguido: o que vale é a intuição. Como exemplo, Valente cita, novamente, sua reportagem sobre o governador Zeca do PT, do Mato Grosso do Sul, que distribuía cestas básicas em troca de votos. Ao saber que haveria uma reunião sigilosa do partido com uma comunidade miserável da região, foi obrigado a decidir na hora o que fazer. "Coloquei um calção, chinelo e uma camisa regata, para não ser apanhado pelos seguranças, e fui para o encontro. Aí não dá para planejar."

Não dá, também, para criar estratégias fixas que possam ser usadas em todas as matérias, pois cada reportagem é única e "é o repórter que tem de se adaptar a ela". Ele cita novamente como exemplo a matéria sobre a reforma agrária feita no governo de Fernando Henrique Cardoso: "Levei três meses só na apuração prévia dos números, antes de entrar na pauta propriamente dita. Só depois de ter em mãos todos os dados pude elaborar uma pauta, mostrando o roteiro de minha reportagem. Entretanto, às vezes recebo pautas que precisam ficar prontas em quinze dias, de acordo com o prazo dado por meus chefes imediatos. Então, o repórter tem de se adaptar às condições dadas".

Valente desenvolveu um método próprio de conduzir a maioria de suas reportagens ("as que podem ser planejadas"): as investigações, na maioria das vezes, começam em casa, antes do primeiro telefonema para marcar entrevistas, ou mesmo antes de fazer a pauta. Nessa primeira fase, estuda à exaustão o tema da reportagem, consultando especialistas, para ter domínio dos termos técnicos e entender do que vai começar a apurar, de uma maneira geral. "É preciso ter em mente que sua reportagem poderá ser contestada e você deve ter todos os elementos para poder defendê-la."

Nessa fase, o primeiro passo é a pesquisa em fóruns, internet, juntas comerciais, cartórios, boletins oficiais. A partir daí, tendo o ponto de partida em mãos (a documentação) e a certeza do caminho que deve percorrer, inicia-se o segundo passo do processo: estende a pauta para entrevistas com outras autoridades e especialistas que possam informar sobre o caso em questão, a fim de dominá-lo tecnicamente, e, só então, entra na terceira fase do processo: vai atrás dos personagens principais da história, diretamente envolvidos na trama. Na quarta fase, conjuga os diversos elementos: documentação, entrevistas gravadas e trabalho de campo, para só depois redigir a reportagem. "Veja bem, uma boa investigação pode ser feita apenas com documentos ou apenas com entrevistas, mas eu sempre busco usar todos os elementos ao mesmo tempo. Quando uma dessas pernas está faltando, sinto que o trabalho está incompleto, não gosto do resultado. Um documento fala muito, mas o jornalismo impessoal afasta leitores e nos desconecta da realidade."

Na reportagem investigativa, acredita Valente, não se deve levantar teses, "pois o repórter precisa se dobrar aos fatos e documentos coletados ao longo do trabalho e não forçar a leitura desses documentos para sustentar sua tese". É preciso um trabalho afinado com o editor, para que ele entenda a dinâmica da apuração. "Uma reportagem investigativa é uma aventura de destino indeterminado. Seu destino pode ser até a não-publicação."

Ao longo de sua carreira, Valente foi reunindo dicas que de maneira geral servem para todas as reportagens. Acredita, por exemplo, que, "numa reportagem investigativa, o repórter não pode ir para entrevista sem documentos, sem provas ou sem o conhecimento prévio do tema que está tratando, pois corre o risco de ser despistado pela fonte". Quando chega a hora da entrevista, deve dominar completamente o tema e, se possível, confrontar o entrevistado com os dados e os documentos de que dispõe. "Nessa fase não se deve esconder nada do entrevistado, deve-se abrir o jogo, até para que a pessoa possa se defender ou apresentar seu ponto de vista, convenientemente." Valente tem como norma deixar claro, para o acusado, tudo que sabe sobre o tema que está investigando e revela, ainda, os documentos que possui. "Antes de iniciar a entrevista, é preciso que, se não todos, pelo menos uma boa parte da documentação que comprova o porquê da matéria esteja em minhas mãos."

O repórter acredita que a internet se transformou numa ferramenta indispensável ao jornalismo investigativo, pois "dá uma memória de fatos e pessoas, ajuda a estabelecer conexões entre pessoas que aparentemente não se conheciam e tem ajudado enormemente, principalmente na localização de fontes e empresas, dados biográficos e checagem de informações". Entretanto, salienta, que vê a internet como um simples ponto de partida, um enorme depósito de dados a serem checados. O grau de confiabilidade de um dado obtido na rede, por mais confiável que seja o site, deve ser visto pelo repórter como quase perto do zero. "Para mim, de todas as enormes lições trazidas pelos atentados de 11 de setembro, uma teve significado especial: nem toda a tecnologia do mundo substituiu um único homem bem informado."

Segundo Valente, embora os norte-americanos tenham à sua disposição o sistema Echelon, uma constelação de 120 satélites dos Estados Unidos, Inglaterra e Nova Zelândia, capaz de ler e fotografar uma placa de automóvel em terra e de capturar bilhões de dados que transitam pela internet, aparelhos de fax e telefones, que são analisados por 15.000 funcionários da NSA num escritório da Virgínia, toda essa fantástica parafernália foi incapaz de impedir o maior ato terrorista da História porque não havia nenhum agente federal infiltrado ou em comunicação direta com a Al Qaeda. Os atentados também nos ensinaram, acrescenta Valente, que ainda não se criou máquina que dispense um bom par de olhos e ouvidos atentos, que estejam em contato com as pessoas certas. "No jornalismo também é assim: nenhum repórter vai conseguir a matéria do ano conversando com um computador."

Rubens já foi processado quatro vezes, mas nunca condenado. Entre os que o processaram havia um delegado, que depois foi preso e condenado por envolvimento com narcotráfico; um ex-condenado por receptação de carros roubados, que logo depois de abrir a ação foi assassinado num acerto de contas com uma quadrilha (de acordo com o resultado do inquérito); e um empresário de comunicação. Relata ainda que nem sempre, nessas ocasiões, contou com o apoio das empresas jornalísticas onde trabalhava. "Num jornal de Mato Grosso do Sul tive de recorrer a uma estagiária e a um defensor público, pois não tinha dinheiro para pagar um advogado e o jornal não me ajudou. No caso de O Globo e da Folha de S.Paulo, o apoio jurídico sempre foi extraordinário e feito por pessoas muito competentes e eficientes."

Com relação aos processos que os repórteres investigativos, às vezes, têm de enfrentar, Rubens lembra uma história que lhe foi contada no início de sua carreira, quando repórter policial. "Resolvi entrevistar um conhecido policial, famoso por sua extensa lista de processos. Queria saber exatamente o porquê de tanto processo contra ele." Na entrevista, calmamente, o policial lhe perguntou se naqueles processos havia alguma condenação. "Respondi que não. Então, pediu-me para ler de onde vinham os processos." O repórter constatou que todos eram movidos por advogados envolvidos em processos gerados na delegacia onde trabalhava o policial e presidiários acusados de crimes por ele. "Então, esse policial falou mais ou menos assim: Só quem trabalha é processado. Todos esses que me acusam estão incomodados pelo meu trabalho." Tempos depois, Rubens teve a confirmação de que esse policial era correto e respeitado pelos colegas e de que os que o processavam é que não eram corretos. "O jornalismo é um pouco assim. Quem nunca fizer uma reportagem que não incomode ninguém nunca será processado. E poderá, confortavelmente, fazer um juízo bastante severo dos jornalistas recordistas de processos."

A preocupação de Rubens Valente com possíveis ações judiciais é permanente ao iniciar uma reportagem: "Começa na primeira abordagem ao primeiro entrevistado e vai até o último parágrafo do texto escrito". Procura, quase com obsessão, não deixar brecha legal para que alguém mova processos. "Sempre se poderá dizer que brechas um bom advogado é capaz de encontrar, mas nossa tarefa é reduzir essas possibilidades, checando várias vezes cada pormenor da matéria." Por isso, acredita que tão importante para o repórter investigativo quanto encontrar a metodologia certa para cada matéria e balizar-se sempre pelo Código de Ética dos Jornalistas na sua rotina diária é entender de leis, pois um processo pode custar-lhe o emprego, uma vez que as multas para a empresa são pesadas.

O repórter Fernando Rodrigues afirma que uma matéria investigativa nasce quase sempre da observação e dos contatos de um repórter. Isso vale tanto para fazer reportagens profundas, como nos assuntos mais simples. Prefere seguir sempre a recomendação do jornalista norte-americano Ben Bradlee, que editava o jornal *The Washington Post*, na época do caso Watergate, para ter êxito: "Trabalhar mais que todos os outros colegas. Ir dormir sabendo que nenhum jornalista que esteja cobrindo o mesmo caso trabalhou mais do que você. Não ter medo de dizer 'Desculpe, mas não entendi bem'. Aprender a escrever. Ser ambicioso, ter idéias. Não se deixar amedrontar, desconfiar do poder e duvidar da versão de quem governa".

No processo de trabalho de Rodrigues, após a definição da pauta, o segundo passo é avaliar a viabilidade do tema, que inclui "levantar o orçamento de eventuais custos de viagens e a obtenção de provas documentais para que o texto final tenha sustentação". Depois, o repórter prepara-se para a pauta, entrevistando especialistas sobre o tema em desenvolvimento, listando as perguntas a serem respondidas pelas fontes de informação, lendo o máximo de textos relacionados à pauta e montando um banco de dados no computador com as informações obtidas, quando necessário. É um processo demorado, que às vezes pode levar mais de um ano. Fernando cita como exemplo uma reportagem que começou a elaborar em 2000 sobre os bens declarados oficialmente pelos políticos brasileiros, uma vez que a lei exige que todos os que concorrem a um cargo público apresentem suas declarações de bens à Justiça Eleitoral; a reportagem só foi publicada em setembro de 2002. Só para conseguir os dados dos 27 TREs do país, o repórter gastou 18 meses. A investigação consistiu, primeiro, em coletar mais de 6 mil declarações de bens de políticos brasileiros que concorreram nas eleições de 1998, 2000 e 2002. Depois, Fernando Rodrigues coordenou o trabalho de digitação dos dados, bem como a tabulação dos resultados obtidos. Com essa matéria investigativa, foi possível, pela primeira vez no país, levantar o valor total dos bens declarados pela elite política brasileira, uma cifra que, sem correção monetária, chegou, naquele ano, a R$ 2,871 bilhões. Foi possível também apontar quais os dez políticos com maior patrimônio declarado no país, que respondem por 23,8% dos bens pesquisados.

Essa reportagem de Rodrigues, que comprovou a importância das novas tecnologias como suporte para o jornalismo investigativo, conquistou os principais prêmios jornalísticos brasileiros – Esso, Líbero Badaró e Folha –, além do internacional Nuevo Periodismo, concedido pela Fundación Nuevo Periodismo Internacional, criada em 1994 pelo escritor e jornalista colombiano Gabriel García Márquez. A premiação de Rodrigues foi anunciada em 26 de junho, para a série de reportagens denominada "Controle público", publicada em setembro de 2002 pela *Folha de S.Paulo*.

O repórter reconhece, de maneira pessimista, que esse não é um tipo de trabalho rotineiro no país: "O Brasil é um país miserável, atrasado, caipira, quase do Quarto Mundo, onde não se tem demanda para trabalhos de qualidade. O mercado não pede esse tipo de produto e, por essa razão, há pouco jornalismo independente".

A metodologia de trabalho de Rodrigues consiste no seguinte: levantado o tema da reportagem, entrevista um especialista, e o resultado desse encontro pode se transformar, posteriormente, num *box* do material principal. Há anos, faz rotineiramente uma revisão bibliográfica sobre o assunto que está sendo investigado, mas confessa que hoje esta parte está sendo facilitada com as ferramentas de busca da internet. Outro ponto que considera importante em sua metodologia é, a cada nova entrevista, reavaliar o caso, cruzando todas as informações disponíveis. Só então, inicia a fase de redação da reportagem.

Para o repórter, é fundamental que se busque uma espécie de "jornalismo de precisão", usando o termo criado nos Estados Unidos, por Philip Meyer, em seu livro clássico *Precision journalism*. Citando texto de Meyer incluído nesta obra, que está em processo de tradução para o português, Fernando afirma que "o mundo ficou tão complicado, o crescimento da informação disponível tão explosivo, que o jornalista precisa ser filtro e transmissor, organizador e intérprete além de coletar e entregar fatos. Além de saber como colocar a informação na página ou no ar, também deve saber como colocá-la na cabeça do receptor. Em resumo, um jornalista deve ser um administrador de bases de dados, um processador de dados e um analista de dados". Para Rodrigues, as novas tecnologias têm sido de grande utilidade para o jornalismo: para arquivar dados sobre suas fontes, usa um antigo programa Folio Views. "Acho um bom programa, pois indexa palavra por palavra." Outro auxiliar é o CompuServe, que utiliza para pesquisar notícias, além do Excel, para fazer planilhas.

O jornalista Frederico Vasconcelos trabalhou por mais de dez anos numa coluna de notícias sobre negócios, o Painel Econômico da *Folha de S.Paulo*, e desenvolveu, durante essa época, um trabalho investigativo que é pouco explorado no jornalismo brasileiro: localizar na documentação oficial – por exemplo, atas e balanços das empresas, súmulas do Judiciário e decisões do

Banco Central – fatos destoantes, que possam servir de tema para reportagens investigativas. Nesse trabalho, como não é economista, auditor ou advogado, adotou um critério que o norteia em toda reportagem que faz: ao deparar com algum fato estranho, consulta um advogado, um auditor, um contador, para ouvir a opinião desses especialistas. Só depois dá início a uma pauta investigativa. "Com isso, formei o que talvez seja o grande capital do profissional de jornalismo: um grupo muito amplo de boas fontes de informação."

O jornalismo investigativo praticado por Vasconcelos é feito com base em documentos, o que lhe dá uma vantagem em relação aos seus colegas, porque nesse tipo de reportagem investigativa os conflitos são menores e as fontes não podem alegar que algum fato a elas atribuído não existiu, pois ele está registrado ou no balanço ou por um acionista discordante.

Mesmo fazendo um tipo de "jornalismo investigativo diferenciado", como ele chama, os novos temas para reportagens podem surgir das formas mais variadas: por sugestão de fontes de informação, indicações da direção do próprio jornal ou mesmo da leitura diária dos jornais, dos atos regulares do governo. A primeira matéria investigativa feita por Frederico em São Paulo nasceu de uma notinha lida durante o plantão do dia 31 de dezembro de 1986 no caderno de balanço da *Gazeta Mercantil*. A notícia envolvia o presidente da Fiesp de São Paulo, dono da Cobrasa, o empresário Luiz Eulálio de Bueno Vidigal Filho. "Descobri um anúncio da empresa, sem logotipo, onde a Cobrasa afirmava que o lucro projetado pela companhia para o período não ia acontecer." O estranho da nota é que, "seis meses antes, esta companhia tinha feito um lançamento de ações de mais ou menos R$ 500 milhões e levantou a maior emissão de ações já feita no Brasil". Ou seja, "com a venda de ações sendo processada, a empresa começa a rever suas previsões em notas isoladas, o que vem se confirmar com o anúncio. Aquilo era um escândalo".

Frederico não teve dúvidas: ligou para o Banco Central na véspera de Ano Novo, contatou uma diretora, sem citar o nome da empresa, e teve a confirmação de que aquilo era um escândalo, um caso de polícia. "Liguei em seguida para a empresa, tive a sorte de encontrar o diretor financeiro, que justificou a nota dizendo que tiveram um ano muito ruim. Enfim, o fato virou uma grande matéria" – publicada na *Folha de S.Paulo* em 3 de janeiro de 1987. Para Frederico, fato importante é que, embora a confirmação de que houve um grande mico no mercado só tenha acontecido dois anos após a publicação da primeira matéria, durante todo esse tempo o jornal manteve sua posição de denúncia e continuou a acompanhar e a divulgar os acontecimentos, apesar de a história envolver o então presidente da Fiesp.

Mesmo trabalhando com um tipo de reportagem investigativa que apura sobre documentos oficiais, Frederico acredita que toda matéria é uma aposta, em todos os sentidos; há ocasiões em que, mesmo com documentos em mãos, a reportagem não se sustenta – pois muitas vezes a forma da documentação está regular, com todas as normas legais cumpridas, e não se consegue provar as irregularidades. Conta que durante os onze anos que trabalhou na coluna Painel Econômico notou que "as decisões tomadas por um conselho de Brasília, que julgava recursos do mercado financeiro, exatamente com o intuito de rever ou julgar novamente punições dadas pelo Banco Central, deixava passar alguns casos que lhe chamaram a atenção, quer pelo nome da pessoa envolvida, quer pela punição minúscula dada pelo Banco Central".

Desde aquela época, pensava: "O dia em que tiver tempo, vou fazer um levantamento de tudo isso aqui, já que eu desconfiava das decisões tomadas em muitos casos". Quando finalmente foi para reportagem especial (o nome dado ao jornalismo investigativo, na redação da *Folha*), propôs ao jornal mergulhar no tema, pedindo de três a quatro meses para trabalhar no assunto. Na época, o processo não estava informatizado e o Banco Central não facilitava o acesso à informação; então, teve de analisar 700 súmulas tiradas do Diário Oficial. À medida que selecionava os fatos mais importantes, descobriu coisas novas, as quais, junto com um grupo de especialistas no assunto, como advogados e auditores, resultou em uma triagem definitiva. "O resultado foi maravilhoso: pudemos comprovar que todos os escândalos financeiros que se tem hoje possuem uma origem muito clara, no Banco Central, que, atropelando a Justiça, chama a si o direito de dizer o que é crime, o que é infração."

Enfim, conta Frederico, "depois de quatro meses, pudemos publicar o trabalho jornalístico, mostrando os casos onde as falcatruas foram identificadas, assim como seus responsáveis. Encontrei de tudo, de presidente de empresa a ex-diretor de Banco Central praticando, no mercado, coisas que, quando era funcionário do BC, tinha por obrigação vetar". Foi outra matéria maravilhosa, publicada sob o título de "Infrações financeiras".

Frederico explica que suas matérias têm outro ritmo de publicação: embora seja feita uma denúncia, numa primeira reportagem, sempre baseada em documentos, o resultado desse trabalho (ou seja, a confirmação legal da denúncia) acompanha o ritmo do Poder Judiciário – assim, as conclusões, às vezes, demoram anos. Por isso, acompanha matéria por matéria até publicar o fim do processo: "Quem acompanha minhas matérias sempre sabe, no final, mesmo que demore, dois, três anos, como foi julgado o processo. É uma questão de respeito com o leitor".

Outra reportagem que causa orgulho a Frederico é o resultado da investigação do patrimônio de dois desembargadores acusados de vender suas sentenças, amealhando, com essa prática ilegal, um patrimônio financeiro muito acima de suas posses. A primeira matéria sobre o tema foi publicada em 1999 e até o final de abril de 2005, embora os juízes já tivessem sido julgados, o processo ainda não chegou ao fim. O tema surgiu por acaso, em conversas informais com magistrados, quando fazia uma reportagem sobre como o Poder Judiciário administra suas mazelas. O objetivo da matéria era mostrar que quando um juiz comete algum deslize há punições, mas os mecanismos são fechados e pessoas de fora (ou seja, a sociedade em geral) não têm como saber.

Vasconcelos possuía informações, por meio de advogados, que juízes tinham sido acusados de vender sentenças – não era o caso específico daqueles dois – e que a solução encontrada, internamente, pelo presidente do Tribunal seria mostrar as provas aos corruptos e aposentá-los. A matéria visava denunciar casos assim e também confirmar outra informação: as provas seriam, como sempre, destruídas, mediante o compromisso de sigilo de ambas as partes, que não tinham nenhum interesse em divulgar o acontecido. Vasconcelos reconhece que "era uma proposta muito ambiciosa". No meio da investigação, surgiu outra denúncia, também vinda de advogados, de que dois juízes possuíam um patrimônio incompatível com o que ganhavam; "aí comecei a fazer a reportagem dos juízes citados" (*a matéria é analisada no Capítulo 5*).

Segundo Vasconcelos, toda apuração envolvendo o Judiciário é feita com muito cuidado, para não caracterizar interesse pessoal e respeitar o limite entre o que é de interesse público e o que é privacidade. "A primeira matéria foi publicada na *Folha de S.Paulo* em 11 de julho de 1999, intitulada "Juízes ostentam estilo milionário". "Foi uma investigação difícil, cuidadosa para não esbarrar em nenhum embaraço legal."

O processo de trabalho do repórter investigativo Frederico Vasconcelos, pela natureza de suas reportagens, requer métodos diferentes dos utilizados pelos jornalistas investigativos de outras áreas. Por exemplo, ele procura evitar ao máximo o declaratório: "Declarações têm pouca importância porque as pessoas voltam atrás, durante um processo, e mesmo que suas palavras sejam gravadas os bons advogados sempre acham brechas legais para manipular o sentido do que foi dito".

Dentro desse contexto, Vasconcelos tem por norma, assim que junta o material essencial para dar início à reportagem, entrar em contato com a parte acusada, dando-lhe todas as informações que possui, para que ela tenha oportunidade de pesar a situação. Procura, também, sempre entrar em contato com o advogado da parte acusada, para facilitar o período inicial, com relação a entrevistas. Outro ponto importante no seu processo de trabalho é ouvir os especialistas – tem um grupo de *experts* com quem trabalha há mais de 15 anos e em quem confia. "Essas pessoas sempre avaliam o caso para mim. Já me ajudaram, inclusive, a não publicar matérias, cujos dados não tinham base legal suficiente." O outro ponto importante de seu método é a leitura dos documentos: "É preciso ler e depois reler várias vezes, pois é um trabalho diferenciado da investigação de campo. As minhas bases estão na documentação, por isso preciso entendê-la profundamente".

Por ser um trabalho feito sobre documentos, Frederico não lança mão de técnicas de investigação fora dos padrões: "Geralmente minha técnica para descobrir um fato fora do normal é a análise, quase sempre com a ajuda de especialistas, dos documentos oficiais". Mas houve uma matéria específica, na qual, para comprovar que determinado equipamento tinha sido importado pelo governo de São Paulo de forma superfaturada, foi obrigado a utilizar uma técnica comparativa especial. "Foi muito interessante e conseguimos provar que o governo tinha sido desonesto naquele caso."

O governo Quércia importou de Israel equipamento por um preço que o repórter achou abusivo, mas toda a documentação estava regular e ele não tinha como provar o fato. A documentação existente seguia a tramitação regular: aprovação da Cacex, aprovação prévia do Tribunal de Contas e pareceres de juristas. "Mesmo assim, soltei a primeira matéria, contestando os números e, para minha sorte, um professor da USP, especialista da área, ficou irritado com o gasto que estava sendo feito e se ofereceu para me ajudar."

Após analisar a documentação com o professor, decidimos usar a seguinte estratégia: passamos para outro professor, que estava na Alemanha fazendo um curso de pós-graduação na área de automação, os dados, uma guia de importação de determinado robô, com a mesma especificidade do equipamento importado pelo governo, e ele fez um pedido para a empresa fabricante de um modelo igual. Quando chegou o orçamento sobre o mesmo equipamento, do mesmo fabricante, pudemos comprovar que houve um superfaturamento de aproximadamente 1000%. "Essa foi a estratégia utilizada para provar o superfaturamento." O governo tentou minimizar o caso, conta Frederico, mostrando que o produto era de modelo diferente do que havia sido comprado, mas as provas eram irrefutáveis ("Quércia firmou contrato irregular de US$ 70 mi", *Folha de S.Paulo*, 2/6/91; Compra de Quércia permanece contraditória, 4/6/91; Ex-chanceler critica os contratos com Israel, 12/6/91; USP elabora defesa para compra de Quércia, 14/6/91; Documentos confirmam preço exagerado, 29/6/91; Procurador pede a PF abertura de inquérito, 6/7/91).

Dentro do método de trabalho de Frederico Vasconcelos, a edição é uma parte importante do processo de elaboração de uma reportagem investigativa. "É preciso que o jornalista acompanhe a edição da reportagem, pois um título errado ou mal interpretado pode trazer problemas para o jornal." A precisão é fundamental na hora de se criar um título que sintetize a matéria. "Às vezes, já vi acontecer, um título inadequado servir de brecha a advogados para moverem processos contra o repórter e o veículo."

Uma das ferramentas auxiliares importantíssimas para o repórter investigativo, segundo Vasconcelos, é a informática, a começar pela simples troca de e-mail, que se transformou na forma mais prática e ágil de se contatar uma fonte – e representa também um documento comprobatório quando se arquiva a correspondência trocada com um informante. Como fonte de pesquisa, a internet só veio facilitar a vida do repórter: "Antes, eu precisava sair da redação para pesquisar num cartório, por exemplo. Agora, localizo tudo pela rede". Além disso, criando seu próprio banco de dados, o repórter tem uma margem de segurança muito grande para ele e todos os envolvidos na matéria, do editor à direção do jornal.

Jornalismo investigativo: outros modelos

O jornalista americano Paul Williams (1978) utiliza um modelo que pode ser considerado *standard* nos Estados Unidos com relação ao processo de trabalho de uma investigação. A reportagem investigativa, na visão desse autor, consta de sete fases: a primeira consiste na escolha de um novo tema, que pode ser obtido com a observação do repórter, por uma denúncia anônima, por meio de uma fonte de informação de confiança do jornalista, um comentário ouvido, uma notícia publicada nos jornais diários ou uma pesquisa em arquivo.

Escolhido o tema, inicia-se a segunda fase do processo, que é o estudo de viabilidade da reportagem, que lhe permitirá, mais tarde, decidir se a matéria é viável, dentro das condições oferecidas pelo veículo empregador, assim como estabelecer suas metas máximas e mínimas. O estudo de viabilidade consiste em pesar as possibilidades que oferece um tema, antes do início da investigação – ou seja, o jornalista deverá estar seguro de que dispõe de tempo e dinheiro e pode lançar mão de técnicas adequadas para fazer sua matéria. Trata-se, em síntese, de analisar a potencialidade do tema, os problemas que poderão aparecer durante o processo de investigação, a infra-estrutura necessária ao jornalista durante seu trabalho, o montante de gastos com a investigação (viagens, hotéis, se a fonte que se deseja conseguir tem um preço, se a investigação será rentável para a empresa), o tempo que o jornalista deverá investir até terminar o trabalho, as conseqüências potenciais da publicação (se o veículo perderá anúncios, se os leitores o boicotarão, se a empresa possui uma assessoria jurídica capaz de fazer frente a qualquer problema legal que possa surgir), enfim, todos os gastos e riscos que a empresa poderá arcar, pois o editor deve conhecê-los para autorizar a investigação. Só então o jornalista poderá estabelecer as metas máximas e mínimas a alcançar e, a partir delas, iniciar ou não a reportagem.

A terceira fase, no caso de se avançar na apuração, será planejar e construir a base da investigação: avaliar os métodos de trabalho, quando há mais de um repórter, fazer a divisão das tarefas; estabelecer um cronograma de trabalho e os limites históricos, legais, técnicos e éticos que norteiam o tema em questão. Deverão ser programadas, também, consultas a especialistas, que darão ao repórter um conhecimento mais aprofundado sobre o assunto que será investigado. Por fim, essa parte será encerrada com a leitura de textos e bibliografia sobre o tema, para que o problema a ser desvendado esteja totalmente assimilado.

Compreendido o tema em sua totalidade, vem a quarta fase, que compreende a busca da documentação escrita, que, respalde ou refute as hipóteses levantadas no plano de trabalho, e a observação direta, uma espécie de pesquisa de campo, por parte do repórter. Para Paul Williams, o repórter deverá ter em mãos toda documentação existente sobre o assunto antes de iniciar as entrevistas com as fontes. Só agindo assim poderá detectar se as fontes em potencial estão mentindo, manipulando fatos ou se realmente não os conhece. Enfim, o jornalista deve apresentar-se às fontes como um *expert* no tema focalizado. O autor acredita que, se o repórter iniciar as entrevistas antes de reunir a documentação, não conseguirá mais fazê-lo, pois, alertada, a fonte dará um jeito de dificultar essa tarefa para o jornalista ou, às vezes, até de destruir a documentação. Os teóricos em comunicação Judith Bolch e Kay Miller (1978, p. 77) concordam com Paul Williams, afirmando que, reunindo a documentação antes de iniciar as entrevistas, o repórter reduz as possibilidades de as fontes encontrarem meios de minimizar sua participação no caso investigado.

Segundo Williams, um jornalista não pode simplesmente denunciar uma situação corrupta só porque lhe parece que é incorreta ou porque alguém lhe sugeriu isso, mas deve ter em mãos provas documentais, assim como toda a informação que lhe permita converter-se momentaneamente em especialista no assunto.

O passo seguinte na construção de uma reportagem investigativa, segundo o teórico, será fazer a reavaliação do material conseguido nos três primeiros passos do processo: observação, entrevistas e levantamento documental. Nessa fase, o jornalista deverá reavaliar os resultados de sua investigação e decidir se há consistência nos dados já obtidos, para, então, iniciar a quinta fase: as entrevistas com as fontes de informação diretamente envolvidas com os fatos. O autor recomenda, ainda, que o repórter, após as entrevistas, faça uma nova avaliação, que consiste na confrontação dos principais dados obtidos entre si. Propõe também que, à medida que se avance na coleta de dados, volte-se sempre às informações essenciais, para checar se os novos dados não alteram o caso investigado de alguma forma ou se, pelo contrário, reforçam a linha investigativa adotada. Isso supõe uma constante revisão de todo material investigativo que vai sendo coletado ao longo da construção da reportagem.

A importância desse processo é fazer com que o repórter avalie se há necessidade de entrevistar novas fontes, fazer novas consultas a arquivos, para que todas as informações conflitantes estejam resolvidas. Só depois da última checagem o jornalista poderá publicar sua reportagem, a sexta fase do processo, com certeza absoluta de que seu trabalho foi bem-feito e estará contribuindo para que os meios de comunicação cumpram sua função social, como empresas de interesse público aptas a zelar para que as instituições democráticas de um país funcionem de maneira correta (Bolch e Kay, 1978, p. 29).

Lembra ainda o autor que o trabalho do repórter investigativo não está finalizado com a publicação da matéria. É preciso que ele acompanhe as repercussões – a sétima fase do processo – que a publicação da reportagem vai suscitar, pois esse acompanhamento constitui-se ainda numa fase da construção da reportagem investigativa.

A pesquisadora Montserrat Quesada, que realizou amplo estudo sobre as diferentes técnicas de investigação utilizadas pelos repórteres investigativos espanhóis, desenhou um modelo do jornalismo investigativo praticado em seu país. Segundo ela, uma nova reportagem – como acontece no caso brasileiro – pode originar-se de pequenos detalhes, como uma nota publicada em um jornal diário, um comentário ouvido de algum colega de redação, um telefonema anônimo ou alguma informação comprometedora que uma fonte deixa escapar. Enfim, tudo pode servir de sugestão para uma pauta de reportagem investigativa. Detectou ainda que, ao contrário dos repórteres de atualidade, o investigativo tem de "trabalhar" 24 horas por dia, sempre atento às informações que, de uma maneira ou de outra, cruzem seu caminho, e pronto para relacionar acontecimentos, dados e intuir seus próximos trabalhos investigativos.

Quesada tem um olhar diferente para o jornalismo de investigação, que define como um processo criativo no qual o autor dirige suas atitudes racionais e emocionais em direção a uma meta que satisfaça sua necessidade de investigar. Compara ainda esse trabalho com o do artista, do cientista e do acadêmico, enfatizando que todos esses profissionais partem de uma hipótese básica, intuitiva ou racional, e a partir dela desenvolvem suas próprias estratégias de investigação. Para a autora, é impossível determinar uma metodologia de trabalho rígida no jornalismo investigativo, já que cada reportagem é única e o profissional precisará de muita criatividade para descobrir, em cada caso, qual a melhor técnica de apuração a ser usada. Entretanto, de forma geral, os jornalistas investigativos espanhóis, segundo a pesquisa de Quesada, afirmaram que a maioria dos novos temas surge, simplesmente, da observação direta dos acontecimentos cotidianos.

Ela cita o exemplo da investigação realizada pelos jornalistas espanhóis Jordi Bordas e Eduardo Martin de Pozuelo, do jornal *La Vanguardia*, sobre o Hospital Oncológico de Barcelona, que ilustra essa técnica. Durante meses, eles observaram que as obras do futuro hospital não avançavam e comentaram o fato em conversas informais na redação, até que um colega lembrou-se de ter ouvido, em algum lugar, alguém denunciando uma falcatrua com relação às obras. Esse comentário foi o bastante para a dupla iniciar um trabalho de investigação que os levaria a desvendar um caso de apropriação indébita, com muitos prejudicados: o pessoal das áreas sanitária e administrativa, que já havia sido aprovado em concurso, para trabalhar no hospital, além dos moradores da cidade que esperavam há 15 anos pelo funcionamento do serviço hospitalar.

Os jornalistas espanhóis usam também uma técnica especial, que consiste em centrar-se em um tema amplo, reunindo todos os dados, inclusive os sem importância, que vão surgindo no processo de busca. Como exemplo desse tipo de técnica, a autora cita o trabalho de pesquisa que uma equipe de repórteres investigativos do *La Vanguardia* fez de forma metódica sobre a máfia e o tráfico de drogas na Espanha. Durante meses, a equipe centrou a investigação no porto de Barcelona, detectando as irregularidades mercantis que aconteciam por lá. O tema marítimo fez que a equipe se interessasse pelo naufrágio de um barco – que pertencia a um armador turco – ocorrido na ilha de Mallorca. Quando a investigação já completava dois anos, teve início na Itália o processo contra Ali Agca pelo frustrado atentado contra a vida do papa João Paulo II. Durante o processo, o nome do turco Bekir Celenç foi envolvido no atentado, por ter proporcionado a arma a Ali Agca.

Nessa altura dos acontecimentos, a equipe do *La Vanguardia* constatou que esse era o nome do armador proprietário do barco naufragado em Mallorca, e, fazendo ligações entre os fatos que estavam acontecendo e toda a documentação arquivada, teve certeza e pode concluir a matéria mostrando que a Espanha era uma das rotas mais importantes do tráfico mundial de drogas controlado pela máfia italiana. A conexão, entretanto, só pôde ser feita porque os jornalistas, pacientemente, durante dois anos, armazenaram todos os dados, mesmo os irrelevantes, como o do naufrágio, sem vítimas e perdas materiais, já que o barco não transportava nenhum tipo de carregamento.

O estudo exaustivo dos arquivos públicos também é uma técnica usada pelos jornalistas espanhóis para encontrar um novo tema de reportagem. Essa prática, entretanto, implica um conhecimento profundo por parte dos jornalistas dos mecanismos burocráticos dos arquivos, e, também, o que é fundamental, que esses arquivos sejam realmente "públicos", ou seja, que o jornalista tenha a possibilidade de passar os dias que necessite consultando os livros de registro. A autora acrescenta que é muito difícil um jornalista espanhol iniciar dessa forma sua reportagem, pois na Espanha há todo um trâmite burocrático que, se não impede, pelo menos limita em muito as pesquisas em arquivos – como acontece, também, na maioria dos países europeus. Embora considere essa técnica eficaz, a pesquisadora acredita que ela só poderá ser utilizada nos países europeus, com o mesmo sucesso que tem nos Estados Unidos, num futuro nada próximo, quando houver mudanças nas legislações desses países.

Quesada afirma ainda que novas reportagens podem ter origem em avisos anônimos e no contato permanente com as fontes de informação. Com relação às denúncias anônimas, a pesquisadora apurou que acontecem, geralmente, quando o jornalista é especializado em alguma área e é um nome nacionalmente conhecido. A desvantagem da denúncia anônima é que obriga o jornalista a dedicar mais tempo e esforço para certificar-se da veracidade do fato, já que o profissional não conhece a fonte.

Quando as investigações se iniciam a partir de um contato permanente do jornalista com suas fontes de informação, este não precisa, na opinião de Quesada, "verificar a veracidade do fato, porque ao alcançar o *status* de fonte de informação para um repórter investigativo, tal fonte já lhe forneceu uma porcentagem muito grande de informações procedentes". Essa opinião não é compartilhada pelos repórteres investigativos brasileiros, que, mesmo em casos de fontes fidedignas, aconselham a checagem do material.

A teórica concluiu que, no jornalismo investigativo, "há um jogo recíproco de interesses entre fontes e profissionais, e a fonte tida como confiável, pelo profissional, ocupa, junto ao repórter, uma função importante, podendo atuar não só como informante de dados inéditos como também como 'fonte verificadora' de dados que chegam por outras vias". Todo jornalista, e não só o investigativo, tem em sua agenda fontes confiáveis com quem ele trabalha em estreita colaboração, que lhe proporcionam um caudal valiosíssimo de informações, sem as quais não poderia desempenhar sua função. A forma mais utilizada pelos profissionais espanhóis na busca de novos temas consiste na leitura e releitura diária de toda a informação de atualidade que se publica nos veículos de comunicação. Como os jornalistas de atualidade não possuem tempo suficiente para se aprofundar, fatos importantes, publicados no formato de notas ou mesmo notícias curtas, podem servir de temas para reportagens investigativas.

Após achar um novo tema, os repórteres espanhóis costumam traçar um plano de trabalho que lhes permita desenvolvê-lo com a máxima eficácia. Quesada constatou que os jornalistas espanhóis não fazem, rotineiramente, um estudo formal da viabilidade da pauta, nem levantam as possibilidades de êxito ou de fracasso que se poderá prever com antecedência. Os jornalistas, mais freqüentemente, trocam impressões com seus chefes diretos e analisam rapidamente o caso antes de iniciar uma investigação. A pesquisadora esclarece que não se pode confundir o estudo de viabilidade, que é anterior ao início da investigação, com o plano de trabalho do repórter, que tem como objetivo básico desenhar especificamente os métodos que serão usados na reportagem, pois cada matéria requer uma metodologia especial. Esse plano de trabalho, afirma, os repórteres espanhóis fazem rotineiramente.

Para os profissionais espanhóis, o essencial, para o sucesso de uma reportagem, está na verificação minuciosa de cada um dos dados colhidos nas entrevistas com as fontes de informação, assim como o fato de o repórter não poder ter idéias preconcebidas com relação às fontes e às informações que estão sendo colhidas. Na prática profissional é importante também, detectou Quesada, que toda bibliografia sobre o tema em questão seja revisada, pois evitará que o jornalista perca tempo dedicando-se a algum assunto que já foi enfocado anteriormente. A revisão deverá abranger também os aspectos legais sobre o assunto, para que o repórter tenha conhecimento das leis vigentes que regulam as atividades que estão sob investigação. Esse conhecimento lhe dará uma sólida demonstração de que os fatos são realmente dignos de ser denunciados.

O teórico em jornalismo Heriberto Cardoso Milanês, da Faculdade de Comunicação da Universidade de Oriente, de Santiago de Cuba, resume em cinco os principais passos de uma reportagem investigativa: o primeiro é conceber e elaborar um projeto de trabalho, a partir da seleção de um tema, em que deverão estar previstos o tempo e os recursos necessários à investigação e as principais técnicas investigativas que serão empregadas. Nessa fase, o repórter necessitará esclarecer os objetivos investigativos do trabalho. O segundo passo inclui estudo de campo, entrevistas, consultas a especialistas, levantamento documental e bibliográfico, consultas a bancos de dados da internet e o desenvolvimento da investigação. Para o autor, as pesquisas têm dupla função: conduzem aos resultados perseguidos e dão ao repórter todo o material disponível sobre o fato, além de mostrar ao leitor, quando da publicação, a estratégia de comunicação empregada pelo profissional.

No terceiro passo do processo, o repórter deverá fazer um balanço final dos resultados conseguidos na pesquisa, para, então, ajustar o plano de trabalho e as estratégias previstas. Além disso, o balanço das informações, nessa fase do processo, poderá mostrar que o material recolhido, ao contrário do que o repórter previa, não tem consistência – a reportagem deverá ser arquivada. O quarto passo é redigir a matéria para a publicação. Nessa fase, deve-se prever as possíveis repercussões que virão das instituições ou pessoas envolvidas na reportagem e lhes reservar espaço e direito para colocar seus pontos de vista. O quinto passo é avaliar os efeitos ou resultados conseguidos com a publicação. É importante nessa fase reconhecer a atitude receptiva e o papel positivo de pessoas e instituições na solução dos problemas apontados na reportagem.

Finalizando este capítulo, pode-se concluir que o processo de trabalho investigativo do repórter brasileiro não difere na essência do realizado pelos profissionais de outros países. Com relação ao jornalismo investigativo brasileiro, os depoimentos dos repórteres mostram que, embora cada jornalista investigativo tenha seu método de trabalho e cada reportagem seja única, sete etapas estão presentes na rotina de todos os repórteres entrevistados: a busca de um novo tema, o estudo de viabilidade do tema, o estudo aprofundado do assunto em questão pelo repórter, a criação de um projeto de trabalho, a fase de apuração (documental e com fontes) e cruzamento de informações, a redação e a edição/publicação.

Ficou claro também que a fase de estudo de viabilidade de um tema tem hoje, devido à crise econômica que se abateu sobre a mídia brasileira, uma nova dimensão, um peso muito grande no processo. Constatou-se também que nem todos os veículos, mesmo os da considerada grande imprensa, possuem condições de arcar com os custos inerentes a uma reportagem investigativa, como despesas com viagens e tempo gasto para a execução de uma pauta. Percebeu-se ainda que a preocupação dos repórteres quanto à exatidão das informações, desde o levantamento dos dados até a redação final da reportagem, cresce a cada dia, visando não deixar brechas ou lacunas informativas que dêem chance para advogados processarem o veículo de comunicação, pois o custo das ações é pesado e no caso dos jornais médios e pequenos poderá decretar o seu fechamento. Segundo a pesquisa, a busca por um jornalismo de precisão, que procure diminuir ao máximo a margem de erros, é a preocupação maior dos repórteres investigativos responsáveis, que têm consciência da dimensão de seu papel de apurador, organizador e intérprete dos fatos.

CAPÍTULO 5

OS BASTIDORES DE UMA
REPORTAGEM INVESTIGATIVA

Duas reportagens investigativas, uma de autoria de Antonio Carlos Fon, intitulada "Descendo aos porões", publicada em 1979, na revista *Veja*, e outra construída vinte anos depois, pelo repórter Frederico Vasconcelos, sob o título "Juízes ostentam estilo milionário", publicada na *Folha de S.Paulo*, serão analisadas passo a passo para que se determine o processo de produção de cada uma, com o objetivo de detectar as fases mais importantes da construção dessas reportagens: a metodologia de trabalho e as estratégias utilizadas por Fon e Vasconcelos; o tempo gasto em cada uma; o planejamento de cada etapa e, ainda, os parâmetros éticos que nortearam os dois repórteres em sua rotina produtiva.

Ao se enfocar, nesses dois casos específicos, as diversas fases que compõem a construção de uma reportagem investigativa, pretende-se, mais uma vez, provar que o grande diferencial da reportagem investigativa encontra-se no processo de trabalho do repórter, que foge do utilizado pelos jornalistas de atualidade, e no conteúdo das matérias. Além disso, escolhendo-se reportagens feitas em épocas distintas, com uma diferença de vinte anos, pretende-se ainda explicitar as mudanças ocorridas no jornalismo brasileiro.

A reportagem intitulada "Descendo aos porões", de Antonio Carlos Fon, começou a ser elaborada em agosto de 1978, mas só foi publicada em fevereiro do ano seguinte, ainda durante a ditadura militar, no governo do general Ernesto Geisel, que ficou no poder de 1974 a 1978 e, ao tomar posse em 15 de março, enfrentou dificuldades econômicas e políticas que anunciavam o fim do milagre econômico e ameaçavam o regime militar. Quando a matéria de Fon foi publicada, a censura prévia aos jornais havia sido suspensa, o que não quer dizer que todos os temas estivessem liberados. E é aí que reside um dos grandes méritos dessa reportagem: ter sido a primeira matéria feita, na época, enfocando um tema proibido, a tortura.

Quando Fon produziu sua reportagem, as redações nem sonhavam com a informatização, e o jornalismo investigativo estava em plena ascensão, desde que dois repórteres do jornal americano *The Washington Post*, Bob Woodward e Carl Bernstein, cobrindo o caso Watergate, conseguiram, com suas apurações, mostrar o envolvimento do então presidente Richard Nixon no arrombamento da sede do Partido Democrata, em junho de 1972, o que levou à sua renúncia, em agosto de 1974, para evitar o *impeachment*. Além disso, as redações, no final dos anos 1970, possuíam equipes de reportagem numerosas, e as empresas de comunicação reservavam espaço para o jornalismo investigativo.

A segunda reportagem a ser analisada tem como personagens principais dois desembargadores de São Paulo, acusados de vender sentenças e ostentar sinais de riqueza que contrastam com o padrão de vida dos juízes brasileiros, de autoria do repórter Frederico Vasconcelos. Publicada em julho de 1999, a matéria teve grande repercussão na sociedade e levou o caso a desdobramentos que culminaram com o afastamento dos juízes.

O contexto em que foi produzida e publicada a série de reportagens de Vasconcelos mostra bem as mudanças ocorridas no jornalismo: se, por um lado, o repórter contou com o auxílio das novas tecnologias para tornar seu trabalho mais fácil, por outro, vivenciou, com toda a força, a crise econômica que se abateu na mídia, que tem obrigado os profissionais a trabalhar em redações com equipes cada vez mais reduzidas e a contar com pouco espaço para publicar suas matérias, tornando as reportagens investigativas cada vez mais raras nas páginas dos jornais de hoje.

Essas reportagens foram escolhidas, também, por caracterizarem, de maneira exemplar, duas épocas distintas do Brasil, quer do ponto de vista político, social e econômico, quer do ponto de vista do jornalismo: se a primeira é marcada pela transição entre a censura e a liberdade de imprensa e pela queda do poder dos órgãos de repressão no Brasil, a segunda é caracterizada pela crise econômica que começa a atingir as empresas de comunicação no final dos anos 1990, pelo crescimento do crime organizado no país e pelo descrédito da população nas instituições públicas brasileiras.

O fim da linha dura

O repórter Antonio Carlos Fon, autor da matéria "Descendo aos porões", publicada na revista *Veja* de 21 de fevereiro de 1979, afirma que essa reportagem possui vários significados. Para ele, foi a matéria mais importante de sua vida, pois foi preso político e torturado e teve, também, na época, um irmão preso por dez anos. "Pessoalmente, posso falar que foi um desabafo, livrei-me de algo que estava entalado há anos na minha garganta." Profissionalmente, representou para Fon um desafio, já que "o tema tortura era um grande tabu na imprensa naquele momento da vida política brasileira".

Já para *Veja*, a reportagem foi extremamente útil, ajudando o veículo a se impor dentro do mercado cultural brasileiro, ao permitir que se tocasse num assunto proibido, segundo opinião de Fon. A repercussão foi tão positiva, conta o repórter, que a revista concorrente, a *IstoÉ*, fez uma matéria falando do feito de *Veja*. Para os militares de extrema direita, favoráveis aos órgãos de repressão, a reportagem representou um aviso de que haviam perdido a queda-de-braço com o grupo que apoiava Geisel, na sua luta contra o aparelho repressivo que comandava a tortura aos opositores políticos no Brasil. A linha dura percebeu que não era mais um poder paralelo dentro do governo. "Então, acho que todos ganhamos", afirma Fon.

Todo repórter investigativo sabe que cada matéria é única e os imprevistos sempre surgem, desafiando sua criatividade. Entretanto, no caso dessa reportagem específica, a primeira surpresa veio com a pauta, pois Fon confessa que o tema da matéria não foi idéia sua. "Por mais que eu quisesse fazê-la, nunca me ocorreu propor essa pauta à revista, pois falar sobre tortura era um tabu." Ficou surpreso, também, quando o editor de Brasil, seu chefe imediato, Mário Alberto de Almeida, lhe sugeriu a pauta e lhe ofereceu uma lista de nomes de militares que poderiam ser entrevistados. Posteriormente, Fon ficou sabendo, pelos boatos corridos na redação da *Veja*, na época, que a idéia da pauta havia sido do diretor de Redação, Roberto Guzzo, que tinha estado em Brasília, dias antes, com o chefe da Casa Civil, general Golbery do Couto e Silva, fundador e dirigente do Serviço Nacional de Informação, que, durante a presidência de Geisel, transformou-se no homem mais poderoso da cúpula do governo. "Esse fato fez muitos, como eu, levantarem a hipótese de que o verdadeiro 'dono da pauta' tinha sido o próprio Golbery, detentor de um poder incrível no governo Geisel, que chegava até à cúpula dos jornais."

A tese de Fon é de que a luta de forças entre o presidente Ernesto Geisel e os organismos repressores havia atingido a sua fase culminante, com o fim da prática institucional da tortura já decretado pelo afastamento do comandante do II Exército Ednardo d'Ávila Melo, quando da morte do operário Manoel Fiel Filho nas dependências do II Exército em São Paulo, três meses após o falecimento do jornalista Vladimir Herzog, no mesmo local e nas mesmas circunstâncias. "Essa pauta veio a calhar, naquele momento. Ao permitir que ela fosse feita, o governo Geisel decretava o fim da tortura no Brasil e o esfacelamento dos órgãos de repressão."

Mas seja lá quem tenha sido o "pai da pauta", Fon, ao receber a sugestão da matéria, construiu seu roteiro de trabalho, que daria à reportagem uma dimensão muito maior do que a pretendida por seus chefes, pois a sua pauta incluía: a história dos órgãos de segurança, seus crimes e métodos de trabalho e a ideologia da Segurança Nacional, que serviu de base para o golpe de 1964 e também para a criação dos órgãos de repressão aos oponentes da ditadura, que tiveram muita força durante o governo Médici.

Como a pauta foi sugerida pela própria direção da revista, Fon não precisou fazer um estudo de viabilidade. Partiu, então, para o plano de trabalho, no qual expôs o tempo necessário para levantar informações e redigir a matéria, além de enumerar as viagens que a investigação exigia. Para a lista de entrevistados, sugeriu militantes de esquerda sobreviventes da tortura, entre os quais tinha amigos; policiais envolvidos na repressão, que também conhecia, por ter sido repórter de Polícia por muitos anos; e militares dissidentes com os quais tinha certo contato. Entretanto, para sua surpresa, a direção da revista lhe forneceu outra lista com nomes de militares que faziam parte do governo, ocupando postos-chave. Pediu ainda prazo de dois meses para fazer a apuração, que demandaria viagens para o Nordeste, Minas Gerais e Rio Grande do Sul, locais onde entrevistou militares e militantes de esquerda, e um mês para redigir a reportagem.

Apresentou sua pauta a seu chefe imediato, e com o aval da empresa iniciou a reportagem. Traçou sua metodologia e estratégias para conseguir as informações entre as fontes. Como militante de esquerda, já conhecia em profundidade o tema que reportaria, o que lhe evitou o trabalho de fazer uma pesquisa sobre o assunto. Passou então a utilizar o seguinte método de trabalho para conseguir as informações desejadas: primeiro, entrou em contato com inimigos mortais das fontes que lhe haviam sido sugeridas pela chefia de reportagem. Por exemplo, como todas as fontes militares indicadas apoiavam a abertura de Geisel, Fon contatou militares ligados ao governo de Emilio Garrastazu Médici, que assumira a presidência em 30 de outubro de 1969 e governara até 15 de março de 1974, período conhecido como o mais repressivo da ditadura militar: os movimentos estudantis e sindicais eram silenciados à força, o número de desaparecidos políticos era grande e a tortura tornou-se prática comum nos DOI-CODIs, órgãos governamentais responsáveis pela repressão aos opositores do regime.

No momento em que Fon construía sua reportagem, os militares ligados a Médici estavam locados em postos menos importantes, pois a ascensão do grupo de Geisel – considerado da linha mais flexível do Exército – ao poder levara ao ostracismo militares da linha dura que apoiavam Médici. Com essa estratégia, Fon esperava – e conseguiu – que os militares descontentes mostrassem o racha que imperava nas Forças Armadas. O primeiro a ser entrevistado foi o então comandante militar da Bahia, o general Otávio Costa, um dos teóricos da propaganda política institucional, que havia sido um dos homens fortes do governo Médici na chefia da Aerp – Assessoria Especial de Relações Públicas da Presidência –, criada em 1969.

Trabalhando com elementos próximos do cotidiano do brasileiro, como o samba e o futebol, a Aerp conseguiu com êxito trabalhar a popularidade da imagem do presidente Médici, buscando a legitimação do governo perante a população. Entretanto, no período em que Antonio Carlos Fon construía sua reportagem, Otávio Costa sentia-se vigiado pela extrema direita, com quem convivia sem ter afeição alguma por seus membros – mas dos quais se aproveitara no auge da repressão ao terrorismo. Por outro lado, devido à posição que ocupara no governo passado, tinha como ninguém condições de dar informações sobre como funcionavam os órgãos de repressão. "Foi uma das fontes que melhores informações me passou." Outra fonte fundamental na elaboração da matéria foi o coronel Hugo Abreu, ex-ministro e chefe do Gabinete Militar da Presidência da República, que pediu exoneração do cargo com a indicação do general João Figueiredo para substituir Geisel, e também pertencia à linha dura do Exército, inimigo de Golbery – e por isso mesmo eleito por Fon, *a priori*, como uma boa fonte.

Por outro lado, como o jornalista tinha acesso a muitos torturadores, por ter feito reportagens policiais sobre o Esquadrão da Morte, não teve problemas em levantar métodos de tortura e todos os esquemas usados com os policiais envolvidos. Para reunir a documentação que deu consistência à reportagem, contou com a ajuda fundamental do coronel Sebastião Chaves, que pertenceu ao Serviço Nacional de Informação e foi secretário de Segurança Pública de São Paulo – a quem Fon também conhecia como ex-repórter de Polícia. Outras fontes importantíssimas para a matéria foram advogados de presos políticos, que tinham acesso, nas auditorias militares, a muitas informações. O repórter confessa que, embora trabalhosa, a fase de apuração "foi tranqüila, pois procurou fontes descontentes com a abertura que se delineava no país e que queriam, mesmo, falar".

Durante a apuração, não faltaram surpresas para o repórter. Uma delas foi perceber que alguns militares ("fontes de informação são sagradas", por isso ele se recusa a revelar seus nomes até hoje), "como não podiam fornecer documentos, saíam da sala, deixando cópias sobre as mesas para que estas fossem roubadas".

Fon explica também que, naquela época, lugar de repórter era na rua; portanto, não se usava telefonar para marcar uma entrevista, por exemplo, com um policial. "Você ia aos departamentos policiais, rotineiramente, e se o delegado responsável estivesse ocupado, a gente esperava. Tomava-se um café com a fonte, frente a frente, e, quando o policial podia, falava. Na pior das hipóteses, ele se negava a falar sobre algum assunto perguntado, o que, convenhamos, já era uma declaração. Essa história de marcar hora para entrevistar fontes do setor público é muito recente." Fon explica que, de conversa em conversa, procurando policiais conhecidos, foi obtendo suas informações.

Em nenhum momento fez gravações ocultas ou mentiu às fontes. "Todas sabiam que estavam dando depoimento a um repórter e que suas palavras seriam publicadas." Ele acredita que a única parte da matéria que não estava prevista na pauta que lhe foi entregue pela chefia de reportagem, e da qual a direção da revista *Veja* não gostou, foi a que denunciava o envolvimento de empresários na repressão aos opositores do governo.

Após dois meses de apuração, o repórter teve mais um mês para redigir a matéria. Entretanto, ao entregá-la, pronta, ao seu editor, teve mais uma surpresa: a matéria foi cortada pela metade e engavetada por três meses. "Foi uma negociação lenta. Tive de cortar muito do texto e reescrever algumas partes, e a revista só a publicou no Carnaval, quando, todos sabem, é a época mais fraca do ano em relação ao consumo de veículos de comunicação. Ninguém lê jornal ou revista no Carnaval." O material não aproveitado pela revista foi tanto que Fon publicou um livro-reportagem sobre o tema, ainda em 1979, intitulado *Tortura: a história da repressão política no Brasil.*

Após a publicação, a matéria causou furor nos meios políticos e na opinião pública do país. Os que lideravam os órgãos de repressão perceberam que seu poder perante o governo, se não acabara, pelo menos nunca mais seria o mesmo. "Embora a matéria tenha sido sugerida pela própria empresa, que por sua vez teve, para publicá-la, o aval do governo, foi aberto contra mim um processo com base na Lei de Segurança Nacional, que se arrastou por anos e, finalmente, foi arquivado com a Lei da Anistia." Com o episódio, a editora Abril, responsável pela edição da *Veja*, arrumou-lhe um advogado especializado em lei de imprensa, mas que não entendia nada sobre as leis de Segurança Nacional. "Teria sido condenado, com certeza, se fosse julgado. Aliás, esse foi um dos motivos pelos quais saí da *Veja*, logo após a publicação da reportagem."

A matéria de Fon foi publicada em nove páginas, dividida em dois textos. No primeiro, sob o título "Descendo aos porões", que começa na página 60 e vai até a 64, há uma abertura contextualizando o momento político vivido à época no Brasil: o texto volta a 1975 e 1976, anos em que morreram o jornalista Vladimir Herzog e o operário Manoel Fiel Filho nas dependências do II Exército em São Paulo, e à queda do seu comandante, o general Ednardo d'Ávila Melo, por ordem de Geisel. A abertura da reportagem contém também a interpretação do que representou politicamente o afastamento do general para a sociedade brasileira – isto é, fica claro que a partir daí os órgãos de segurança já não tinham mais o poder que lhes fora outorgado no governo Médici. Nessa primeira parte, a reportagem traz depoimentos de delegados de polícia de São Paulo que participaram de atos de tortura. Há ainda declaração de um general-de-divisão, em importante comando de tropas, que, sem se identificar, classifica como perigosos os participantes dos órgãos de segurança e queixa-se de estar recebendo ameaças por ser contra torturas no Brasil.

Antonio Carlos Fon divulga a existência de grupos clandestinos para evitar a abertura política, como o Braço Clandestino da Repressão, em São Paulo, e o Voluntários da Pátria, no Nordeste, que, num jogo de forças com o novo governo, pretendiam provocar uma pressão para evitar a abertura a qualquer preço. Fon revela, ainda nessa parte da matéria, os métodos usados pela repressão aos presos políticos.

No segundo texto da reportagem, intitulado "Um poder na sombra", o repórter conta como surgiu, em 1969, a Operação Bandeirantes, resultado do engajamento ideológico e operacional das Forças Armadas na luta anti-subversiva, concebida pelo grupo de coronéis da chamada linha dura. A pesquisa do repórter busca a base jurídico-filosófica que justificava qualquer ato repressivo do governo, tornando lícito o que é ilícito, desenvolvida na Escola Superior de Guerra. Fon mostra que a fundamentação da Doutrina da Segurança Nacional baseia-se em princípios do Direito Internacional Público que tratam das relações entre Estados beligerantes, que foi transposta para o âmbito interno, entre Estado e indivíduos. Enfim, a reportagem exibe os fatos e as bases filosóficas que determinaram a criação dos órgãos de repressão no Brasil, os métodos de tortura, os crimes por eles cometidos e as tendências de abertura que se delineavam no país.

O repórter constrói seu texto associando os segmentos, de uma forma lógica, ou seja, cada segmento está atrelado logicamente a seus pares, e o sentido do texto é dado por um fio condutor, o que facilita a compreensão do leitor, ampliando seu conhecimento.

Falência das instituições

Na segunda reportagem investigativa enfocada, o jornalista Frederico Vasconcelos denuncia a corrupção no Judiciário paulista, com matérias sobre o estilo de vida milionário de dois desembargadores do Tribunal Regional Federal, em São Paulo, incompatível com os ganhos de um juiz brasileiro. Na primeira reportagem, publicada pela *Folha de S.Paulo* em 11 de julho de 1999, Vasconcelos divulga o patrimônio dos dois juízes – dados a que chegou após realizar o levantamento de seus bens, fase da matéria que levou três meses de pesquisa – e as explicações dos envolvidos no caso. Após a denúncia, o repórter acompanhou ao longo de três anos o desenrolar dos acontecimentos que essa primeira reportagem causou, desde a estupefação da sociedade até o afastamento dos envolvidos de seus cargos, fato raro no Poder Judiciário.

Para a primeira matéria publicada, a *Folha de S.Paulo* reservou três páginas da edição do dia 11 de julho de 1999: na página 8, sob o título "Juízes ostentam estilo milionário", o repórter avalia o patrimônio dos desembargadores Paulo Theotônio Costa e Roberto Luiz Ribeiro Haddad, que atuavam na primeira turma do Tribunal Regional Federal em São Paulo. Faz uma retrospectiva de todos os bens adquiridos pelos juízes. Nessa mesma página, em um *box*, sob o título "Theotônio Costa", são publicados dados pessoais do desembargador. Também, num painel de fotos, aparecem os bens imobiliários do juiz.

Na página 9, sob o título "Desembargador tem 'supersítio'", o repórter divulga o patrimônio do desembargador Roberto Luiz Ribeiro Haddad, tornando públicos um a um seus bens adquiridos no decorrer de dois anos. Depois, em um *box*, publica os dados pessoais do desembargador; em outro quadro, divulga a lista dos 33 veículos do juiz Haddad. Completando a página, há um painel de fotos com seus imóveis.

Na página 10, sob o título "Juízes explicam origem de patrimônio", o jornal publica a versão dos desembargadores acusados sobre seus bens. Abaixo dessa reportagem, outra matéria, intitulada "Desembargadores atuam em SP e MS", explica ao leitor a função dos juízes no Tribunal Regional Federal da 3ª Região. A reportagem divulga ainda a origem modesta dos desembargadores Roberto Luiz Ribeiro Haddad e Paulo Theotônio Costa, com intuito de esclarecer ao leitor que o patrimônio em questão foi adquirido enquanto exerciam o posto de desembargadores.

O tema da reportagem, segundo Vasconcelos, surgiu de comentários feitos por advogados, promotores, juízes e ex-juízes durante conversas de ante-salas e corredores sobre o patrimônio desses desembargadores. O repórter levou então o tema à direção da empresa e, após a aprovação, deu início às apurações. Primeiro fez o levantamento dos bens dos desembargadores, tarefa em que ficou empenhado por três meses. "Fiz, inicialmente, o levantamento do patrimônio do desembargador Haddad, em São Paulo. Depois, viajei para Campo Grande, Mato Grosso do Sul, e, nos cartórios, consegui os registros com relação aos bens de Theotônio."

O levantamento de todo o patrimônio representou para o repórter um trabalho árduo, pois, de início, ele só tinha o testemunho de advogados, promotores, juízes e ex-juízes, que sabiam da fortuna acumulada pelos desembargadores. Mas "não havia provas documentais que essas pessoas pudessem me oferecer, e eu não trabalho com declarações". O primeiro passo foi procurar na lista telefônica, na qual constatou que existiam vários números de telefone em nome de Haddad e de sua mulher em diferentes municípios. Ele fez então um levantamento dos registros nos cartórios de imóveis nesses municípios; "estes documentos serviram de primeiro roteiro, pois indicam também imóveis comprados e vendidos anteriormente".

Depois, iniciou o levantamento em Campo Grande, para descobrir o patrimônio de Theotônio. Vasconcelos relata que, ao concluir esse levantamento, recebeu de advogados e juízes documentação sobre os bens de Theotônio, dizendo, por sua vez, tê-los recebido anonimamente. "Eles entregaram-me o que haviam recebido, mas eu só usei essas informações depois de conseguir diretamente os registros nos cartórios de Campo Grande." O repórter explica que tudo que foi divulgado na matéria saiu de pesquisas feitas por ele, pessoalmente, em cartórios. "Constatei, por exemplo, que o patrimônio de Haddad foi construído em apenas dois anos: nesse espaço de tempo ele adquiriu várias chácaras, na mesma região, todas vizinhas."

A avaliação dos imóveis, em números, do patrimônio total dos dois desembargadores, também foi trabalhosa. "Inicialmente, consultei corretores de imóveis conhecidos, que já tinham colaborado comigo em outras matérias, no caso dos imóveis de São Paulo. Nos outros municípios, procurei imobiliárias como se tivesse interesse em adquirir propriedades semelhantes, na mesma localidade. Em todos os casos, não revelei nomes nem a atividade dos personagens." Os nomes das imobiliárias também foram preservados. "Foi decisão minha, elas não pediram sigilo. Alguns corretores devem ter imaginado que procurávamos comparar preços para algum tipo de figura que estaria sendo investigada. Mas não perguntaram, nem fornecemos nenhum detalhe que pudesse identificar os personagens da matéria."

Quanto às entrevistas com os desembargadores, Vasconcelos foi direto: "Telefonei para a casa de Theotônio, falei sobre o levantamento. Ele me recebeu no dia seguinte, em seu gabinete, e fomos, a seu pedido, até o gabinete do presidente do Tribunal, desembargador José Kallás, onde, então, ele me concedeu entrevista, sem permitir fotos ou gravação."

O repórter agiu da mesma forma em relação à entrevista com o juiz Roberto Haddad: "Pedi, por telefone, uma entrevista, explicando sobre o levantamento. Dois dias depois, ouvi o segundo desembargador, também em seu gabinete, na presença de um fotógrafo. Ele permitiu gravação, mas evitou fotos". No mesmo dia, Frederico conversou com a mulher do desembargador Theotônio. "Atendendo à minha sugestão, ele pediu para ela ir conversar comigo, para esclarecer e confirmar fatos que seriam divulgados. Sempre procurei ouvi-los antes de publicar qualquer matéria nos meses e anos seguintes."

Apesar de todos os cuidados, quer durante o levantamento documental, quer na relação com as fontes, sempre informadas sobre as denúncias que seriam feitas e sobre a documentação em mãos do repórter antes da publicação, e de o jornal ter dado aos acusados tempo e espaço para mostrar sua versão dos fatos, os desembargadores processaram o jornal. Em primeira instância, um dos juízes, Paulo Theotônio Costa, obteve decisão favorável, condenando o jornal ao pagamento de 1.500 salários mínimos e à publicação da sentença, mas "a *Folha* está recorrendo dessa decisão. A ação referente ao segundo desembargador, Roberto Luiz Haddad, foi ganha pela empresa Folha da Manhã S.A., mas o juiz recorreu. Dessa forma, não há ainda um resultado final sobre o caso", relata Vasconcelos. O repórter acredita ser um direito deles terem aberto um processo contra o veículo, "já que se consideraram ofendidos". Segundo o jornalista, "abrir processo contra o veículo foi a forma que eles encontraram de darem uma satisfação aos seus pares no Tribunal".

Após as repercussões da primeira publicação, o Ministério Público Federal em São Paulo abriu procedimento inicial para apurar eventuais atos de improbidade administrativa ou dano ao patrimônio público por parte dos desembargadores Paulo Theotônio Costa e Roberto Luiz Haddad, da primeira turma do Tribunal Regional Federal. O procurador da República José Ricardo Meirelles, da área criminal em São Paulo, remeteu cópia da reportagem ao coordenador do setor de tutela coletiva, procurador André de Carvalho Ramos, para possível instauração de inquérito. Frederico Vasconcelos continuou acompanhando o caso e publicou matéria, no dia 14 de julho, na página 6, sob o título "Procuradoria vai investigar dois juízes do TRF em SP".

No dia 9 de agosto, Frederico Vasconcelos publicou mais quatro matérias, na página 7 do primeiro caderno, intituladas "Juízes federais suspendem investigação", "Procuradoras enviam representação", "Advogado diz que não há contradição" e "TRF recebe esclarecimentos". De acordo com a primeira reportagem, os desembargadores envolvidos haviam conseguido decisões judiciais suspendendo provisoriamente investigações, já instauradas pela Procuradoria da República de São Paulo levando em conta a reportagem da *Folha* para apurar a origem dos seus bens. Os advogados de Theotônio e Haddad entenderam que os desembargadores tinham prerrogativa, assegurada pela Constituição e pela Lei Orgânica da Magistratura Nacional, de ser investigados no âmbito do próprio tribunal acerca de eventuais irregularidades que pudessem ser qualificadas supostamente como ato de improbidade administrativa.

A segunda, "Procuradoras enviam representação", informa que a Procuradoria da República em São Paulo enviou representação, no dia 13 de julho, à Procuradoria Geral da República para que fosse averiguada a procedência das informações da reportagem da *Folha* sobre o patrimônio dos dois desembargadores. A terceira, sob o título "Advogado diz que não há contradição", traz a fala do advogado Sebastião Botto de Barros Tojal, contratado pelos desembargadores, afirmando que eles não pretendem evitar a apuração e que o desejo deles é que todos os fatos sejam apurados, mas no foro competente, que é o próprio tribunal a que pertencem os dois magistrados. A quarta matéria divulga a sessão plenária extraordinária realizada pelo Tribunal Regional Federal em São Paulo, na qual os desembargadores acusados prestaram informações aos pares sobre seus patrimônios.

No dia 23 de agosto, mais uma matéria é publicada, na página 8 do primeiro caderno, sob o título "Procuradoria quer retomar investigação de bens de juízes". Nela, o repórter divulga que o Ministério Público Federal está pedindo a anulação de ato do presidente do Tribunal Regional Federal em São Paulo, desembargador José Kallás, que suspendeu provisoriamente as investigações sobre a origem do patrimônio dos desembargadores, alegando que Kallás não tinha competência para decidir sobre procedimento administrativo, ato que não se encontra entre as atribuições do presidente do tribunal. Ao lado dessa matéria, o veículo publica um quadro, sob o título "Para entender o caso", no qual rememora todas as fases principais sobre o assunto, desde a publicação da reportagem da *Folha*, em 11 de julho do mesmo ano.

No dia 2 de setembro, mais uma matéria é publicada, na página 11 do primeiro caderno, sob o título "Investigação de juízes é dúvida no TRF", na qual Vasconcelos noticia que o tribunal ainda não decidira se deveria instaurar uma investigação interna para apurar eventual improbidade administrativa dos desembargadores Paulo Theotônio Costa e Roberto Luiz Ribeiro Haddad, como havia requisitado o Ministério Público Federal. Na entrevista publicada pelo jornal, o juiz José Kallás faz críticas à reportagem da *Folha*: "Eu acho que a imprensa tem o seu papel, útil e necessário. A única crítica que eu faço é que, às vezes, ela publica determinados fatos sem fazer uma acusação direta. Da maneira como é posta, o leitor já faz a sua conclusão. No momento em que nós colocamos na manchete que 'os desembargadores têm nível de vida incompatível com o salário', você já faz um juízo de avaliação. Mas sem fazer acusação". Continua, ainda, o juiz, na entrevista publicada pelo jornal: "Isso não é crime (ostentar sinais de riqueza que contrastam com o padrão comum dos juízes brasileiros)... Eu posso ser milionário, mas não é o caso. Eu não tenho fazenda. Mas, por acaso, se eu tivesse quatro fazendas, herdadas legitimamente, não é o meu caso, sempre fui juiz, então nunca ganhei o suficiente para adquirir um patrimônio razoável, mas suponhamos que acontecesse, você poderia fazer a mesma afirmação sem que eu devesse nada. Você pode estar certo, mas pode cometer uma injustiça. Depois, a gente sai na rua, não adianta desmentir, não adianta dar resposta. Aí, os quarenta anos de vida honrada já foram para o brejo".

As palavras do juiz José Kallás mostram a importância do levantamento documental nas reportagens investigativas. Tanto que, na primeira matéria da série, publicada em 11 de julho, o repórter teve o cuidado de provar, por meio de documentos relativos aos bens patrimoniais dos juízes acusados, que os desembargadores amealharam um patrimônio milionário só após ocuparem seus cargos no Tribunal Regional Federal, pois, como mostram as matérias e os documentos recolhidos, eles são de origem humilde e não herdaram nada do que possuem.

A matéria seguinte da série, publicada no dia 26 de novembro, na página 16 do primeiro caderno, sob o título "Desembargador move processo por danos morais contra *Folha*", informa que o desembargador Paulo Theotônio Costa, do Tribunal Regional Federal, em São Paulo, moveu ação de indenização por danos morais contra a Empresa Folha da Manhã S.A., que edita o jornal *Folha de S. Paulo*. Segundo a matéria, Theotônio Costa constituiu o advogado José Rubens de Machado Campos, e a ação foi oferecida ao juiz da 23ª Vara Cível da Capital; ação semelhante foi movida pelo desembargador Haddad, oferecida ao juiz da 12ª Vara Cível, por meio do advogado Manuel Alceu Affonso Ferreira.

No dia 10 de dezembro, Frederico Vasconcelos dá continuidade à série, com a matéria intitulada "Senador defende fiscalização de 'episódios estarrecedores'", publicada na página 12 do primeiro caderno. O repórter informa que o presidente do Congresso, na época, Antonio Carlos Magalhães, do PFL da Bahia, defendeu em discurso a fiscalização imediata no TRF em São Paulo e a apuração do que chamou de "episódios estarrecedores" envolvendo os juízes daquele tribunal. No seu pronunciamento, o senador baiano cita denúncias que vão corroborar a reportagem de Frederico, ou seja, denúncias que vão, de certa forma, explicar a origem do dinheiro dos desembargadores envolvidos.

Antonio Carlos Magalhães cita, entre as denúncias, um inquérito instaurado para apurar a suspeita de manipulação na distribuição de *habeas corpus* no tribunal envolvendo o juiz em questão. Trata-se de ordem de liberação concedida, em janeiro de 1998, pelo desembargador Theotônio Costa ao major reformado da Polícia Militar de Mato Grosso do Sul, Sérgio Roberto de Carvalho, preso sob a acusação de contrabando e tráfico de drogas, depois de uma operação policial que apreendeu 237 quilos de cocaína, dois aviões, armas, munição e diversos veículos. No seu discurso, o senador baiano dá detalhes do ocorrido: "Em plenas férias forenses, por intermédio de uma distribuição manual, foi sorteado para julgamento do pleito o mesmo juiz que efetuou o sorteio". Diz ainda que "o magistrado, imediatamente, concedeu ordem de libertação ao preso conhecido por 'major', chefe de uma quadrilha de traficantes no estado de Mato Grosso do Sul. O impressionante é que o pedido já havia sido negado, e, após a soltura do criminoso, o despacho de libertação assinado pelo juiz de plantão, Paulo Theotônio Costa, desapareceu do processo", relata Antonio Carlos Magalhães. Segundo a matéria, a Procuradoria da República pediu instauração de inquérito criminal, em 1998, e "foram ouvidos todos os funcionários envolvidos, à exceção do juiz, que tem foro privilegiado".

A matéria seguinte foi publicada em 22 de dezembro, na página 11 do primeiro caderno, sob o título "Procuradoria quer investigar juízes", e nela Frederico informa que a Procuradoria Geral da República deveria requisitar ao Superior Tribunal de Justiça a instauração de inquérito para apurar "suposto enriquecimento ilícito" dos desembargadores Paulo Theotônio Costa e Roberto Luiz Ribeiro Haddad, do Tribunal Regional Federal da 3ª Região em São Paulo. A reportagem informa também que a Procuradoria Geral da República distribuiu à imprensa, em Brasília, comunicado informando que o procurador-geral da República, Geraldo Brindeiro, já havia requisitado à Receita Federal investigação da origem patrimonial dos dois juízes, baseado em parecer do subprocurador-geral, Flavio Giron. Segundo a reportagem, Brindeiro foi informado, pelo secretário da Receita Federal, Everardo Maciel, que essa investigação fora impedida por medida cautelar concedida, a pedido dos desembargadores, pela juíza federal Naíde Azevedo de Almeida, de São Bernardo do Campo. Na mesma página, o veículo publica na íntegra a nota da Procuradoria.

Na edição seguinte, em 23 de dezembro, Frederico Vasconcelos publica matéria sob o título "Desembargador critica atuação de Procuradoria", na página 12 do primeiro caderno, na qual o juiz acusado, Paulo Theotônio Costa, afirma que "não cabe a procuradores da República investigar ou determinar que façam qualquer tipo de investigação contra magistrados". Na mesma página, é publicada a declaração do desembargador, na íntegra, sob o título "Leia declaração do desembargador", em que ele afirma que o jornal (*Folha*) está sendo o instrumento de um grupo de procuradores da República que são declaradamente seus inimigos, por terem tido interesses pessoais contrariados por decisões por ele proferidas. O jornal publica uma nota da Redação, em que esclarece: "A *Folha* não promove campanhas difamatórias, noticia fatos. O jornal também não se presta a ser instrumento de quem quer que seja. A reportagem que deu origem às investigações, feita em nome do interesse público, baseou-se em documentos obtidos em cartórios e repartições públicas".

A publicação das matérias continua em 7 de abril de 2000, quando a *Folha* edita na página 9 do primeiro caderno notícia intitulada "Juízes podem ser investigados, diz STJ", na qual Vasconcelos informa (matéria com colaboração da jornalista Silvana de Freitas) que o ministro Fernando Gonçalves, do Superior Tribunal de Justiça, autorizou a realização de investigação para apurar a origem dos bens dos desembargadores Paulo Theotônio Costa e Roberto Luiz Ribeiro Haddad. Ao lado dessa notícia, foi publicada uma nota sob o título "Decisão judicial se cumpre" – editado entre aspas por ter sido tirado da declaração do desembargador Roberto Luiz Ribeiro Haddad, que assim se pronunciou, por telefone, sobre a decisão do ministro Fernando Gonçalves, do STJ, autorizando a investigação sobre a origem de seus bens. O outro juiz envolvido, Theotônio Costa, não foi localizado por Frederico Vasconcelos, segundo a nota publicada.

No dia 4 de setembro de 2000, a *Folha* publica quatro matérias sobre o tema, intituladas "Desembargador é denunciado ao STJ", "Juiz afirma que só fala em processo", "Pena mínima é dois anos" e "Procuradoria apura eventual enriquecimento ilícito", todas na página 16 do primeiro caderno. Na primeira matéria, noticia-se que o desembargador federal Paulo Theotônio Costa foi denunciado à Justiça sob a acusação de ter cometido os crimes de falsificação de documento público e de tentativa de calúnia, tendo por base denúncias da subprocuradora-geral da República, Yedda Lourdes Pereira, ao ministro Humberto Gomes de Barros, da Corte Especial do Superior Tribunal de Justiça. Frederico esclarece na matéria que não teve acesso aos autos porque os dois processos estão sob segredo de justiça. O andamento dos inquéritos foi obtido no site do STJ na internet.

De acordo com o repórter, o crime de falsificação de documento público foi apurado pelo inquérito 231 do STJ, instaurado em abril de 1999, a partir de representação da desembargadora Suzana Camargo, da 5ª Turma do TRF, e refere-se ao fato ocorrido em 2 de janeiro de 1998, quando Theotônio respondia pela Turma de Férias do TRF e autorizou a saída da cadeia de Sérgio Roberto de Carvalho, major da Polícia Militar de Mato Grosso do Sul, preso em flagrante com mais de 270 quilos de cocaína. Segundo a apuração do inquérito, sobre esse caso, Theotônio cancelou a distribuição feita pelos computadores do TRF e, depois do expediente, fez uma nova distribuição, dessa vez manual, do mesmo *habeas corpus*, e ele mesmo acabou sorteado relator do processo, concedendo, então, a liminar para libertar o major.

As apurações comprovaram, também, que o juiz alterou os registros do tribunal para beneficiar o traficante. A tentativa de calúnia refere-se a outro inquérito, de n. 256, e trata de um suposto pedido de Theotônio para que uma traficante presa representasse contra o juiz Odilon de Oliveira, de Campo Grande, acusando-o de fatos que não seriam verdadeiros. A denúncia baseia-se exclusivamente no depoimento pessoal da traficante.

Ao lado dessa matéria, a *Folha* publica uma nota sob o título "Juiz afirma que só fala no processo", trazendo uma entrevista de Paulo Theotônio Costa ao jornal. Ele diz: "Tudo o que eu tiver que dizer vou dizer na minha defesa. Quando eu for intimado dessas denúncias, vai me ser dado o prazo que a lei estabelece para falar sobre elas". Outra nota, sob o título "Pena mínima é dois anos", explica ao leitor quando ocorre e qual a pena para o crime de falsificação de documento público. Nessa mesma página, sob o título "Procuradoria apura eventual enriquecimento ilícito", Vasconcelos enfoca outro inquérito contra Theotônio Costa e Roberto Haddad, pelo Superior Tribunal de Justiça, que apura o enriquecimento ilícito de ambos. O repórter noticia também que o ministro Fernando Gonçalves, do STJ, autorizou a quebra de sigilo fiscal dos dois juízes.

No dia 15 de setembro, Frederico Vasconcelos dá continuidade à série de reportagens, informando, na notícia publicada na página

11 do primeiro caderno, sob o título "STJ julga se aceita ação contra desembargador", que a Corte Especial do STJ vai decidir se recebe denúncia contra o desembargador Theotônio Costa por cometimento de crime de calúnia contra um juiz federal. A próxima matéria só será publicada no dia 29 de dezembro de 2000 sob o título "STJ rejeita denúncia de calúnia contra desembargador federal", na página A7.

Em 12 de março de 2001, o jornalista publicou outra reportagem, na página A6, sob o título "Juízes têm mais bens que o revelado em 99", na qual mostra que documentos atestam um patrimônio maior dos desembargadores Theotônio Costa e Roberto Haddad do que o denunciado pela *Folha* em 11 de julho de 1999, reportagem que motivou a instauração de inquérito pelo Superior Tribunal de Justiça para apurar a origem dos bens dos magistrados. Na matéria, Frederico denuncia que novas aquisições foram feitas pelos desembargadores durante o decorrer do processo, após o levantamento feito na época das primeiras publicações.

Numa análise comparativa entre as duas reportagens publicadas, ficam evidentes as diferenças: na primeira, Antonio Carlos Fon aborda o tema tortura dentro de um contexto político-social, mostrando não só os fatos que determinaram, segundo a visão dos militares da época, a criação dos órgãos de repressão, como também o novo contexto nacional que estava determinando o fim da prática da tortura no país. Enfim, fica clara a preocupação de Fon em contextualizar o tema que está sendo apurado, ou seja, mostrar em que contexto político-social brasileiro se deu a tortura, que correntes a praticaram e que novo contexto possibilitou o esfacelamento dos órgãos de repressão.

De acordo com a classificação dos teóricos Bill Kovak e Tom Rosenstiel (2003, pp. 176-80), a matéria de Fon é uma reportagem investigativa interpretativa, que surge como resultado de cuidadosa reflexão e análise de uma idéia, além de "uma busca de fatos para reunir informação num novo e mais completo contexto, o qual fornece ao público um melhor entendimento do que acontece". Revela "uma nova forma de olhar alguma coisa, bem como novas informações sobre o assunto".

A reportagem de Frederico Vasconcelos classifica-se, de acordo com Kovak e Rosenstiel, como uma reportagem investigativa original, quando cabe ao próprio repórter descobrir e documentar uma atividade até então desconhecida do público. "É um tipo de reportagem que quase sempre acaba em investigações públicas oficiais sobre o assunto ou a atividade denunciada, um exemplo clássico da imprensa pressionando as instituições oficiais em nome do público." Foi exatamente isso que a série de matérias de Vasconcelos provocou: que os dois juízes tivessem seus bens patrimoniais sob investigação para se apurar eventual ato de improbidade administrativa ou dano ao patrimônio público.

Na reportagem sobre os magistrados, seguindo os moldes do jornalismo atual, não há contextualização do fato em questão (a possível corrupção) dentro da sociedade brasileira, quer pelo viés econômico, quer pela perspectiva da falência das instituições públicas brasileiras, quer pelo crescimento das ramificações do crime organizado dentro do serviço público brasileiro.

A descontextualização fica clara ao se comparar a primeira publicação (quando o repórter enumera os bens dos dois juízes) com as repercussões que ela trouxe. Por exemplo, quando Vasconcelos publica o discurso de Antonio Carlos Magalhães, do PFL da Bahia, defendendo uma fiscalização imediata do Tribunal Regional Federal em São Paulo, para apurar suspeita de manipulação na distribuição de *habeas corpus* no tribunal, envolvendo Theotônio Costa com traficantes, não há na reportagem um fio condutor, que ligue esse fato ao enriquecimento do juiz. Não há ainda um fio condutor que mostre que a reportagem da *Folha* ocasionou as denúncias de Antonio Carlos Magalhães no Congresso ou se a denúncia da *Folha* teve relação com as declarações de Antonio Carlos Magalhães.

Entretanto, Antonio Carlos Magalhães afirma que esse juiz ordenou a liberação de um major reformado da Polícia Militar de Mato Grosso do Sul, preso por contrabando e tráfico de drogas, numa operação policial que apreendeu 237 quilos de cocaína, dois aviões, armas, munição e diversos veículos. Ou seja, o fato não foi colocado num contexto mais amplo, apenas no pé da notícia; o repórter relata que, em seu discurso, o senador registrou que o juiz "foi recentemente objeto de extensa matéria jornalística veiculada pelo jornal *Folha de S.Paulo*". Ou seja, em nenhum momento fica claro que a matéria da *Folha* foi a responsável pelo pedido do então presidente do Congresso de uma fiscalização imediata para os atos do juiz. Além disso, a reportagem não partiu para uma nova investigação, aproveitando o gancho (o envolvimento do juiz com traficantes) para dar novos esclarecimentos, com relação ao tema em questão, à sociedade.

Além desse caso, uma segunda reportagem denuncia outro processo contra Theotônio, também por envolvimento com traficantes, sem que haja uma interpretação do repórter, uma leitura sobre o fato. O outro processo refere-se à tentativa de calúnia, com relação a um suposto pedido de Theotônio Costa, para que uma traficante presa representasse contra um juiz de Campo Grande. Há apenas a publicação do factual do ocorrido, sem a ligação ou interpretação do conjunto de matérias, dentro de um contexto social, para que o leitor pudesse entender o que se passa no país.

O que se percebe, numa análise mais apurada, é que cada publicação sobre o tema é independente na fase da repercussão da denúncia (que foi feita na primeira matéria da série), possui sua própria informação e vai se alinhar às demais matérias já publicadas como um mosaico de múltiplas peças. Não há um fio condutor que ajude o leitor a entender o tema em questão de forma mais ampla, embora o leitor, hoje, queira não só informação com precisão, ele necessita, também, assegurar-se de sua situação dentro dos acontecimentos. A falta de contextualização dá-se, principalmente, porque o caso dos desembargadores não foi inserido num contexto social mais amplo, como o crescimento do crime organizado na sociedade brasileira, ramificando-se por setores públicos, apesar do envolvimento do juiz Theotônio Costa com dois contrabandistas e do descrédito da sociedade com relação às instituições públicas brasileiras.

Quanto ao processo de trabalho, os dois repórteres perseguem os mesmos passos, quer pelas rotinas produtivas, quer pelos métodos e técnicas de apuração escolhidas, quer pelo tempo gasto na construção das matérias, quer pelo rigor e pela precisão das apurações, quer pelas balizas éticas que nortearam todo percurso. Assim, enfocando-se passo a passo a construção das duas reportagens, pode-se concluir que as fases mais importantes do processo produtivo levantadas no capítulo anterior estão presentes: a busca de um novo assunto, o estudo de viabilidade desse tema, o estudo aprofundado do assunto em questão pelos repórteres, a criação de um projeto de trabalho, a fase de apuração (documental e entre fontes) e cruzamento de informações, a redação e edição/publicação. No caso da matéria de Fon, o estudo de viabilidade ficou implícito pelo fato de a pauta ter partido da direção da revista *Veja*, onde o repórter trabalhava; assim como ficou implícito também o estudo apurado do tema, já que o repórter, por sua militância e prisão política, o conhecia à exaustão.

Durante o processo de construção dessas reportagens, houve por parte dos profissionais, no decorrer do percurso, a preocupação com a exatidão das informações, desde o levantamento dos dados até a redação final da reportagem. As balizas éticas explicitadas no Código de Ética dos Jornalistas acompanharam os repórteres nas fases do processo, tanto que, no caso de Frederico Vasconcelos, antes da publicação da matéria e já com os documentos em mãos, foi feita uma entrevista com os personagens principais da denúncia, que foram colocados a par das investigações que estavam sendo feitas. Fon também deixa claro, em seu depoimento, que todas as fontes ouvidas, quer militares, quer policiais, quer advogados, quer militantes políticos, tinham consciência de que estavam prestando depoimento a um repórter e que tudo que disseram seria publicado. Em nenhum momento esses repórteres lançaram mão de estratégias pouco ortodoxas, como gravações ocultas ou falsa identidade. Enfim, nos dois casos, os repórteres investigativos cumpriram a função social do jornalismo investigativo: levar ao leitor as mazelas sociais que grupos de poder querem manter escondidas dos cidadãos.

Conclusão

Ao se tentar traçar um modelo de jornalismo investigativo brasileiro, tendo-se como referência as rotinas produtivas de alguns dos mais expressivos repórteres investigativos da mídia impressa, constatou-se que a dimensão empresarial e política dos veículos de comunicação articula-se com a vivência profissional dos jornalistas investigativos, e que o produto final do trabalho desses repórteres – a reportagem publicada – esconde do leitor as várias etapas de construção de uma reportagem investigativa. Essas demandam do profissional uma rotina estafante, às vezes perigosa e quase sempre solitária, a que se submete o repórter na sua obsessão por levar ao leitor histórias que podem desvendar os meandros da corrupção no setor público, a violência policial, casos escabrosos como a exploração sexual de crianças e adolescentes, ou o tráfico de órgãos para transplantes.

Embora não exista um saber consolidado no âmbito das redações com relação à produção de uma reportagem investigativa, sete fases básicas estão presentes nas rotinas de trabalho dos profissionais entrevistados, mesmo levando-se em conta que cada repórter tem uma metodologia própria e cada reportagem é única: 1) a busca de um novo tema; 2) o estudo de viabilidade do tema; 3) o estudo aprofundado do assunto por parte do repórter; 4) a criação de um projeto de trabalho; 5) a fase de apuração (pesquisa documental e entrevistas entre as fontes de informação) e cruzamento de informações; 6) a redação final; e 7) a edição e publicação da reportagem.

Quanto à fase de busca de um novo tema, há um consenso entre os profissionais com relação a uma palavra-chave: sensibilidade. É só disso que o repórter investigativo precisa para descobrir enfoques inéditos, por trás de notas, acontecimentos rotineiros e notícias que passam despercebidas pelos veículos de comunicação, para torná-los o gancho de novas histórias. Por isso, cabe ao repórter investigativo estar atento a tudo que acontece a seu redor, no seu país e no mundo e ter ainda uma visão histórica com relação aos acontecimentos.

Escolhido o tema, este passa pelo crivo empresarial por meio do estudo de viabilidade feito pelos repórteres, que, por unanimidade, consideram essa uma das fases mais importantes do processo e que tem hoje dimensão especial, em face das dificuldades econômicas por que passa a indústria cultural brasileira. É nessa parte do processo que caberá ao jornalista montar um projeto de trabalho, endereçado a seus superiores, mostrando o custo econômico da nova matéria. É preciso que seja computado, no orçamento, o tempo gasto em pesquisa documental em bibliotecas, órgãos públicos, privados e internet; o tempo gasto com as fontes especializadas no assunto em questão e, durante a fase de apuração, com as fontes diretamente envolvidas na matéria. É preciso também deixar claro, para a direção da empresa, se haverá necessidade de viagens, hospedagem, alimentação e locomoção.

Durante a pesquisa, detectou-se que muitas reportagens investigativas importantes têm sido abortadas por falta de recursos, não só nos veículos de porte médio das cidades do interior dos estados, mas também na chamada grande imprensa. No entanto, não é só o custo que tem engavetado muita reportagem investigativa importante: a redução das equipes de reportagem dos jornais afasta da investigação muitos profissionais, obrigados a participar do dia-a-dia da redação para que o veículo possa "fechar" dentro dos prazos estipulados pela direção da empresa. Isso porque nas redações, que trabalham hoje no ritmo das novas tecnologias, é cada vez mais difícil deslocar por períodos longos, às vezes semanas ou meses, um repórter para cobrir uma única matéria.

Mesmo para os principais órgãos de imprensa, não contar com um repórter poderá comprometer a cobertura diária e a produção de notícias de atualidade, que, em última instância, são as responsáveis pelo "fechamento" dos jornais dentro dos prazos estipulados pelo setor industrial do complexo jornalístico. Nesse estudo de viabilidade, outro fator importante para o jornalismo investigativo é a independência financeira dos veículos com relação aos grupos econômicos responsáveis pelos anúncios que dão suporte financeiro às empresas de comunicação. Ou seja, se a empresa não for suficientemente forte, do ponto de vista financeiro, para poder colocar em risco o aporte de publicidade, ao investigar grupos econômicos quando a situação assim exigir, ela não poderá praticar o jornalismo investigativo, sob o risco de perder anúncios e de ter sérios problemas financeiros.

Ao se fazer o estudo de viabilidade de uma nova pauta, é preciso também levar em conta outra independência: a da empresa de comunicação em relação ao poder político, que tem sido um entrave para o desenvolvimento do jornalismo investigativo. Segundo depoimentos insertos nesta pesquisa, repórteres de redações espalhadas pelo país ainda deparam com figuras políticas locais, que, de dedo em riste ou com tapinhas nas costas do repórter, dão avisos explícitos quanto aos cuidados que deve ter na hora de redigir sua reportagem. Em muitos casos, basta um telefonema de grupos políticos para que o empresário de comunicação não publique a matéria. Enfim, dentro desse contexto, o estudo de viabilidade de uma pauta é uma das fases determinantes da execução ou não de uma reportagem.

Muitas vezes, dependendo do teor da pauta, são realizadas várias reuniões entre o repórter, seu chefe imediato e a direção da empresa, para que se pesem os prós e os contras de publicar uma reportagem que, muitas vezes, irá causar tensão entre o veículo e seus anunciantes ou o veículo e representantes políticos. Quando a pauta é aprovada, tem início, então, a terceira fase, que é o estudo aprofundado do tema em questão pelo repórter, que precisa se transformar em *expert* no assunto a ser investigado, consultando a bibliografia existente, sites da internet, especialistas. Isso porque, quando desconhece o tema, o jornalista fica nas mãos das fontes de informação, sem parâmetros para discernir quando uma fonte está mentindo, manipulando informações ou escondendo dados preciosos.

Após inteirar-se do tema em questão, o profissional terá condições de traçar um projeto de trabalho, entrando, assim, na quarta fase do processo investigativo. Nessa etapa, será feito o levantamento documental existente, para definir as fontes de informação a serem entrevistadas. Ainda nessa etapa do processo, o repórter traçará a metodologia de trabalho a ser seguida e as estratégias necessárias para apurar as informações. Como o jornalismo não é uma ciência exata, a metodologia, assim como as estratégias traçadas para o levantamento das informações, poderá ser mudada quando o repórter estiver em campo e a situação exigir.

Só após conhecer, inteiramente, o fato que irá apurar, ter traçado um plano de trabalho e conseguido o aval da empresa, o repórter entrará na quinta fase do processo, que consistirá na apuração entre fontes, recorrendo às técnicas e estratégias previamente delimitadas. A maioria dos repórteres investigativos, ao entrar na fase das entrevistas, já tem em mãos pelo menos parte da documentação pertinente ao fato, pois no jornalismo investigativo não bastam declarações: é preciso documentar as denúncias, pois, quando não há documentação comprobatória do envolvimento da fonte, ela negará sua participação e também os fatos. É nessa hora que os profissionais são obrigados a utilizar estratégias que às vezes arranham o código de ética dos profissionais, como a infiltração em locais onde os fatos estão acontecendo e o uso de identidade falsa e gravações ocultas em busca de provas documentais. A prova documental, além de enriquecer e dar credibilidade aos fatos, evita que o repórter, durante a investigação, deixe alguma brecha que possa representar um processo judicial para o veículo. Aliás, essa é uma das maiores preocupações dos profissionais atualmente, por representar um custo elevado para as empresas.

Com provas irrefutáveis em mãos, os profissionais partem para as entrevistas com as fontes de informação diretamente envolvidas no caso. Essa é outra fase, que, na reportagem investigativa, possui uma dimensão especial, pois muitas vezes as fontes envolvidas recusam-se a dar informações – e é necessário que o repórter crie estratégias específicas para fazê-las falar. Às vezes, a entrevista entre fonte de informação e repórter é mediada por um interlocutor. No jornalismo investigativo, o repórter entra em contato com um elevado índice de fontes de informação que não querem ou não podem ter seus nomes relevados, o que leva o profissional a dedicar um cuidado maior à checagem, adotando rigor escrupuloso e confrontação das informações. Afinal, os jornalistas têm consciência de que são os responsáveis legais sobre o material que está sendo publicado, no caso de algum informante mentir ou se equivocar ao fazer uma declaração.

A precisão das informações é fundamental e acaba transformando as relações entre fontes de informação e repórteres num tema delicado que tem sido alvo de discussões entre os profissionais do jornalismo. O que se nota, também, é que a relação entre fontes e repórteres mudou nos últimos quarenta anos: enquanto os profissionais mais antigos, que hoje estão por volta dos 55 aos 60 anos, estabelecem com suas fontes uma relação de respeito e, às vezes, de amizade, os repórteres das gerações mais novas, que estão por volta dos 30 aos 40 anos, propõem uma relação profissional, uma espécie de pacto em que cada um faz a sua parte. É comum ouvir dos profissionais da velha-guarda que "fonte de informação" é sagrada e não deve ser revelada (no caso de fontes que não podem ter seu nome divulgado) em nenhuma hipótese; já entre os repórteres mais novos, há uma espécie de aversão por fontes que não querem ter seu nome divulgado.

Os profissionais entrevistados mostram-se contrários ao uso de aparelhagem eletrônica – como grampos, máquinas fotográficas e gravadores ocultos – durante as apurações e têm no Código de Ética dos Jornalistas os limites legais para suas ações. Entretanto, alguns confessam lançar mão desses métodos quando a apuração assim exige. Eles renegam, também, a imagem do repórter investigativo tal qual um detetive, em busca de pedaços para compor uma história, pois preferem trabalhar sob a égide da precisão, tendo por base uma metodologia definida, antes do início das apurações, para evitar, na medida do possível, que uma informação equivocada possa prejudicar a honra de pessoas ou instituições.

Com todos os dados em mãos – documentais e o produto de entrevistas –, os repórteres têm por norma cruzar as informações em busca de incoerências, inconsistências ou de algum vazio informativo, para só depois entrar na sexta fase do processo: a redação do texto final da reportagem. Nessa etapa, a preocupação dos profissionais relaciona-se com a escolha dos termos usados no texto, do primeiro ao último parágrafo, eliminando qualquer ambigüidade interpretativa que a redação possa conter – tentando, mais uma vez, evitar brechas que dêem margem a advogados para mover processos contra eles ou os veículos a que estão vinculados.

Essa preocupação domina também a última etapa do processo, que é a edição da matéria nas páginas dos jornais ou revistas. Os profissionais têm consciência de que o texto equivocado de um título ou de uma legenda poderá ser motivo de processos judiciais que poderão abalar suas carreiras e, no caso de jornais de pequeno e médio porte, também as estruturas econômicas do veículo. Os processos judiciais contra jornalistas são hoje uma preocupação para os profissionais, pois, se nas grandes empresas eles contam com apoio jurídico, nas médias e pequenas, muitas vezes, são obrigados a depender de advogados do Estado para se defender, pelo fato de a empresa não bancar a ajuda legal de que precisam.

Além de detectar as rotinas produtivas do jornalismo investigativo brasileiro, a pesquisa mostrou ainda que o repórter dessa área depara hoje com um contexto adverso, nas próprias redações, que têm realidade bem diferente da vigente na segunda metade dos anos 1970, quando o jornalismo investigativo começa a se desenvolver no Brasil, com o fim da censura prévia dentro dos veículos de comunicação. As mudanças começaram nos anos 1980, com a introdução das novas tecnologias adaptadas ao jornalismo, quando é reformulado o sistema do trabalho nas redações – que, para se adaptar à velocidade de circulação de notícias, passa a exigir do profissional um trabalho em ritmo acelerado.

Com isso, a reportagem investigativa, que demanda tempo para ser realizada, tem cada vez menos espaço nas páginas dos jornais, pois ao repórter investigativo é praticamente impossível cumprir os prazos operacionais para a produção de matérias exigidos nas redações. Além disso, as transformações ocorridas com relação ao texto no veículo impresso também são adversas às reportagens investigativas, porque hoje se privilegia a notícia curta em detrimento das matérias longas – fato que também reduz drasticamente o número dessas reportagens do jornalismo impresso. Finalmente, as características que um jornalista precisa ter hoje para ser considerado um bom profissional – estar apto a cumprir prazos e redigir notícias curtas – não se coadunam com o perfil do jornalista investigativo.

Entretanto, esse contexto adverso não tem esmorecido os profissionais da área, conscientes da importância do jornalismo investigativo para a sociedade, denunciando as mazelas que corroem não só o serviço público, mas todos os segmentos do país. Por outro lado, esses profissionais repudiam a visão romântica do jornalismo investigativo como guardião da sociedade. Para eles, não cabe a esse jornalismo substituir a investigação da polícia, o trabalho do promotor na denúncia de erros sociais e muito menos o do juiz, julgando as mazelas sociais. Para eles, cabe ao jornalismo investigativo apurar, com profundidade, dentro de balizas éticas, o produto do trabalho dessas áreas, como prestador de serviço.

A pesquisa mostra ainda que as preocupações dos profissionais atualmente estão voltadas para a crise econômica que assola as empresas de comunicação, limitando o trabalho dos repórteres investigativos, que deparam com redações cada vez mais enxutas e pouco espaço para publicação de suas matérias. Eles têm consciência de que o custo do jornalismo investigativo e a escalada das ações indenizatórias, com sentenças pesadas, podem inviabilizar essa categoria jornalística nas empresas de portes médio ou pequeno. Por isso, há um cuidado excessivo, entre os profissionais, para não infringir o Código de Ética dos Jornalistas, em não ultrapassar balizas éticas, preocupação que, em última instância, pode estar limitando o trabalho de apuração do profissional.

Em conseqüência de tudo que foi levantado nesta pesquisa, para que o repórter investigativo possa cumprir sua função social, denunciando as mazelas que debilitam a sociedade, são necessários três pontos básicos: que ele trabalhe num contexto social democrático; que as empresas de comunicação tenham uma situação econômica estável, que lhe permita independência econômica e política das instituições públicas ou privadas; e, por fim, que durante o processo de construção da matéria ele trabalhe com liberdade e sob a égide da ética, quer na escolha de seu método de trabalho, quer na escolha das estratégias para concluir satisfatoriamente sua reportagem.

Com relação às tendências do jornalismo investigativo, neste início de século, há nos Estados Unidos cada vez mais uma concentração de jornais, revistas, emissoras de televisão e rádio em grandes grupos econômicos. Nesses casos, é flagrante o desvio da função principal das empresas de mídia, com muitas delas tornando-se apenas divisões de corporações que atuam ao mesmo tempo nas áreas de comunicação, tecnologia e entretenimento. Enfim, o que está acontecendo atualmente nos Estados Unidos é o confinamento de empresas jornalísticas em grandes conglomerados com atividades múltiplas. Por exemplo, a ABC News representa hoje menos de 2% dos lucros da Disney, a Time Inc. é apenas uma pequena fração dentro da operação da America On Line e a NBC News responde por menos de 2% dos lucros da General Electric.

Diante desse panorama, a independência jornalística fica totalmente comprometida. Como conseqüência prática dessa situação, está surgindo nos Estados Unidos um novo tipo de organização jornalística, que, com apoio financeiro de grupos independentes, tem criado núcleos jornalísticos para produção de matérias investigativas que são, posteriormente, vendidas a grandes empresas jornalísticas tradicionais – que estão deixando de fazer jornalismo investigativo.

Levando-se em conta a crise financeira que se abate sobre a mídia brasileira, pode-se transportar o problema para um futuro próximo e levantar a hipótese de que essa situação poderá também se dar no Brasil, quando a presença do capital estrangeiro no país atingir a área da comunicação – o que, certamente, trará modificações nos processos produtivos das reportagens investigativas. Mas essas são tendências que outros estudos deverão esclarecer.

BIBLIOGRAFIA

ALBERTOS, José Luiz Martinez. *Redacción periodística – Los estilos y los géneros em la prensa escrita*. Barcelona: ATE, 1974.

BAITELLO JÚNIOR, Norval. *O animal que parou os relógios*. São Paulo: Annablume, 1999.

BELTRÃO, Luiz. *Jornalismo interpretativo: filosofia e técnica*. Porto Alegre: Sulina, 1980.

BOLCH, Judith; MILLER, Kay. *Investigative and in depth reporting*. Nova York: Communication Arts Books, 1978.

BOURDIEU, Pierre. *A miséria do mundo*. Petrópolis: Vozes, 1999.

BURGH, Hugo. *Investigative journalism – Context and practice*. Nova York: Routledge, 2000.

CHAPARRO, Carlos Manuel. *Jornalismo: discurso em dois gêneros*. Tese de livre-docência apresentada na ECA-USP, São Paulo, 1997.

_____. *Jornalismo e linguagem: a evolução dos gêneros no discurso da imprensa brasileira*. Anuário Brasileiro da Pesquisa em Jornalismo. v.1., São Paulo, 1992.

DINES, Alberto. *O papel do jornal – Uma releitura*. São Paulo: Summus, 1986.

EMERY, Edwin; AULT, Philip; AGEE, Warren. *Introduction to mass communications*. Nova York: Dood, Mead & Company, 1971.

ETTEMA, James S.; GLASSER, Theodore L. *Custodians of conscience – Investigative journalism and public virtue*. Nova York: Columbia University Press, 1988.

FISCHER, Anthony. Jornalismo e cidadania – Uma parceria entre o setor civil e a mídia, *Revista Comunicações e Artes*, n.º 33, 1998, pp. 92-6.

FISHMAN, Mark. *La fabricación de la noticia*. Buenos Aires: Tres Tiempos, 1983.

FOLHA DE S.PAULO – MANUAL GERAL DA REDAÇÃO. São Paulo: Lithographica Ypiranga, 1987.

FON, Antonio Carlos. *Tortura – A história da repressão política no Brasil*. São Paulo: Global, 1979.

GARGUREVICH, Juan. *Géneros periodísticos*. Quito: Editorial Belén, 1982.

HALIMI, Serge. *Os novos cães de guarda*. Petrópolis: Vozes, 1998.

KELLY, Celso. *As novas dimensões do jornalismo*. Rio de Janeiro: Agir, 1966.

KIUNCZIK, Michael. *Conceitos de jornalismo*. São Paulo: Edusp, 1997.

KOTSCHO, Ricardo. *A prática da reportagem*. São Paulo: Ática, 1995.

KOVAK, Bill; ROSENSTIEL, Tom. *Elementos do jornalismo – O que os jornalistas devem saber e o público exigir*. São Paulo: Geração, 2003.

KUSCHICK, Christa Liselote Berger. *Campos de confronto: jornalismo e movimentos sociais. As relações entre o movimento sem terra e a Zero Hora*. Tese de doutorado apresentada na ECA-USP, São Paulo, 1996.

LAGE, Nilson. *A reportagem: teoria e técnica de entrevista e pesquisa jornalística*. Rio de Janeiro: Record, 2001.

_____. *Ideologia e técnica da notícia*. Petrópolis: Vozes, 1979.

LIMA, Edvaldo Pereira. *Páginas ampliadas – O livro-reportagem como extensão do jornalismo e da literatura*. Campinas: Unicamp, 1995.

LINS E SILVA, Carlos Eduardo. *O adiantado da hora – A influência americana sobre o jornalismo brasileiro*. São Paulo: Summus, 1991.

LOPES, Maria Immacolata Vassalo. *Pesquisa em comunicação*. São Paulo: Loyola, 1997.

LUZ, Olavo. *25 anos de imprensa no Brasil – Prêmio Esso de Jornalismo*. São Paulo: Equipe de Comunicação Programada Ltda., 1980.

MACDOUGALL, Curtis. *Interpretative reporting*. Nova York: MacMillan, 1963.

MANUAL DE REDAÇÃO DA FOLHA DE S.PAULO. São Paulo: Publifolha, 2001.

MARCONDES FILHO, Ciro. *Comunicação e jornalismo – A saga dos cães perdidos*. São Paulo: Hacker, 2000.

MEDINA, Cremilda. *Notícia, um produto à venda*. São Paulo: Alfa-Ômega, 1978.

MEDINA, Cremilda; LEANDRO, Paulo Roberto. *A arte de tecer o presente (jornalismo interpretativo)*. São Paulo: Media, 1973.

MELO, José Marques de. *A opinião no jornalismo brasileiro*. Petrópolis: Vozes, 1985.

MEYER, Philip. *Periodismo de precisión*. Barcelona: Bosch, 1993.

MORIN, Edgar. *Cultura de massas no século XX – O espírito do tempo*. Rio de Janeiro: Forense Universitária, 1977.

_____. *Para sair do século XX*. Rio de Janeiro: Nova Fronteira, 1981.

MOURA, Sandra Regina. *O processo de investigação do jornalista Caco Barcellos*. Tese de doutorado apresentada na Pontifícia Universidade Católica de São Paulo, São Paulo, 2002.

NASSIF, Luís. *O jornalismo dos anos 90*. São Paulo: Futura, 2003.

NIXON, Raymond. *Análisis sobre periodismo*. Quito: Ciespal, 1963.

PAZ, Guillermina Baena. *Géneros periodísticos informativos*. Buenos Aires: Paidós, 1990.

PEIRCE, Charles S. *Coleção Os pensadores, volume XXXVI*. São Paulo: Abril Cultural, 1983.

QUESADA, Montserrat. *La investigación periodística – El caso español*. Barcelona: Editorial Ariel, 1987.

RAMONET, Ignácio. *A tirania da comunicação*. Petrópolis: Vozes, 2001.

RIBEIRO, Jorge Cláudio. *Sempre alerta – Condições e contradições do trabalho jornalístico*. São Paulo: Olho d'Água, 2001.

RODRIGUES, Fernando. *Os donos do Congresso*. São Paulo: Ática, 1994.

_____. *Racismo cordial*. São Paulo: Ática, 1998.

SERVA, Leão. *Jornalismo e desinformação*. São Paulo: Editora Senac, 2001.

SODRÉ, Nelson Werneck. *História da imprensa no Brasil*. Rio de Janeiro: Civilização Brasileira, 1966.

SOUZA, Percival de. *Eu, cabo Anselmo*. São Paulo: Globo, 1999.

_____. *O crime da rua Cuba*. São Paulo: Atual, 1989.

_____. *Autópsia do medo – Vida e morte do delegado Sérgio Paranhos Fleury*. São Paulo: Globo, 2000.

_____. *Narcoditadura*. São Paulo: Labortexto, 2002.

STELLA, Petra. *Periodismo de investigación*. Madri: Editorial Tecnos, 1986.

TUCHMAN, Gaye. *La producción de la noticia: Estúdio sobre la construcción*. Barcelona: Gustavo Gili, 1983.

VASCONCELOS, Frederico de Almeida. *Fraude – Os bastidores do caso das importações de Israel pelo governo Quércia*. São Paulo: Scritta, 1994.

WAISBORD, Silvio. *Watchdog journalism in South America – Views, accountability, and democracy*. Nova York: Columbia University Press, 2000.

WILLIAMS, Paul. *Investigative reporting and editing*. Englewood Cliffs: Prentice Hall, 1978.

WOLF, Mauro. *Teorias da comunicação*. Lisboa: Editorial Presença, 1995.

Documentos consultados on-line

DINES, Alberto. Memórias das trevas, versão áudio. *Quando o jornalismo é só fita, até ventilador desanima*. Disponível em http:/www.observatoriodaimprensa.com.br.

DINES, Alberto. Rolo histórico1. *O fetiche das fitas*. Disponível em http://www.observatoriodaimprensa.com.br.

DINES, Alberto. Fitas e rolos. *O denuncismo nunca mais será o mesmo*. Disponível em http://www.observatoriodaimprensa.com.br.

KLEIN, Dario. *El papel del periodismo de investigación en la sociedad democrática*. Disponível em http://www.saladeprensa.org.

MILANÉS, Heriberto Cardoso. *Periodismo de investigación, un nuevo género?* Disponível em http://www.saladeprensa.org.

REYS, Geraldo. *Fronteras, obstáculos, pistas, fuentes... Intersticios del periodismo de investigación.* http://saladeprensa.org.

RODRIGUEZ, Pepe. *Periodismo de investigación: técnicas y estrategias*. Disponível em http:/www.saladeprensa.org.

CLEOFE MONTEIRO DE SEQUEIRA nasceu em Santos. Graduou-se em Jornalismo pela Universidade Católica de Santos e especializou-se em Teoria e Técnicas de Comunicação pela Faculdade de Comunicação Social Cásper Líbero. É mestra e doutora em Jornalismo pela Escola de Comunicações e Artes da USP.

Iniciou sua carreira jornalística em Santos, na Empresa Folha da Manhã S.A., como repórter do jornal *Cidade de Santos*. Entre 1969 e 1970 trabalhou como repórter e redatora do Suplemento Feminino de *O Estado de S. Paulo*. De 1970 a 1992 trabalhou na *Folha da Tarde*.

É professora do curso de jornalismo na Universidade Anhembi Morumbi, onde ministra as disciplinas Introdução ao Jornalismo, Técnicas de Redação em Jornal, Técnicas de Redação em Revista, Jornalismo Especializado e Imprensa Comunitária. Edita a revista *Tema*, feita pelos alunos do quarto semestre do curso de Jornalismo da instituição. Nas Faculdades Radial, ministra as disciplinas Introdução ao Jornalismo e Jornalismo Especializado e edita os jornais laboratoriais do curso de Jornalismo. É autora de diversas publicações acadêmicas na área.

www.gruposummus.com.br

IMPRESSO NA GRÁFICA sumago
sumago gráfica editorial ltda
rua itauna, 789   vila maria
02111-031   são paulo   sp
tel e fax 11 2955 5636
sumago@sumago.com.br